SYLVIANE DEYMIÉ

PETIT GUIDE DE PUÉRICULTURE

SYLVIANE DEYMIÉ

PETIT GUIDE DE PUÉRICULTURE

PARENTS

Édité par : Éditions Glénat
La marque PARENTS ® est la propriété de Hachette Filipacchi Presse ®.
PARENTS est un magazine publié par Hachette Filipacchi Associés.

Services éditoriaux et commerciaux :
Éditions Glénat – 39, rue du Gouverneur-Général-Éboué
92130 Issy-les-Moulineaux

Mise en page : COMPOTEXT - Paris.

Dépôt légal : janvier 2010
ISBN : 978-2-7234-7322-4

Achevé d'imprimer en France en janvier 2010 par Pollina - L52367
ZI de Chasnais - 85407 Luçon.
Le papier utilisé pour la réalisation de ce titre provient de forêts gérées de manière durable.

Introduction

Ce *Petit guide de puériculture* a été conçu pour les jeunes parents parfois désorientés par l'arrivée de bébé. Angoissés ou maladroits face à cet enfant qui les émerveille par ailleurs, les parents ont besoin avant tout d'être rassurés. Que faire quand le nouveau-né pleure ou quand il est malade ? Comment nettoyer l'ombilic ? À quel âge peut-on lui couper les ongles ou lui faire de petits massages ? Alimentation, toilette, petits soins, bien-être et sommeil : les chapitres du livre s'organisent autour des moments forts de la journée de bébé. Tous les gestes quotidiens sont expliqués et illustrés par des leçons détaillées en pas-à-pas : allaitement, change, bain, massages, administration des médicaments, rien n'est oublié. Sont également abordés des sujets très actuels, qui intéressent énormément les mamans : Bisphénol A contenu dans les biberons, portage du bébé en écharpe, produits bio, huiles essentielles ou encore emmaillotage des nourrissons. Écrit par Sylviane Deymié, chef du service puériculture du magazine *Parents*, cet ouvrage se révèle un outil indispensable dès la sortie de la maternité, pour s'occuper sereinement de son bébé.

Sommaire

Alimentation

Au sein comme au biberon, l'important est de créer le contact avec votre nouveau-né. D'être présente, physiquement et mentalement, lorsque vous le nourrissez. C'est nécessaire pour que s'établisse la relation, et se noue la complicité avec lui. Il en a tant besoin pour grandir.

Allaiter son bébé

Rien de plus naturel que d'allaiter son nouveau-né. Pourtant, il est important d'adopter de bonnes positions dès le départ pour éviter crevasses et problèmes de tétée. Se faire aider par une professionnelle de santé ou une consultante en lactation peut également s'avérer utile au moment de la montée de lait. Le temps que l'allaitement s'installe et que vous trouviez vos marques.

LE MATÉRIEL indispensable

POUR RECUEILLIR VOTRE LAIT

- Un tire-lait, manuel ou électrique
- Des biberons ou pots de conservation adaptés au tire-lait pour conserver et/ou pour congeler le lait

POUR PROTÉGER VOS SEINS

- Des coussinets d'allaitement absorbants, jetables ou lavables
- Des coquilles en silicone ventilées

AVANT ET PENDANT LA TÉTÉE

- Des compresses
- Des coupelles recueille-lait
- Des mouchoirs en papier

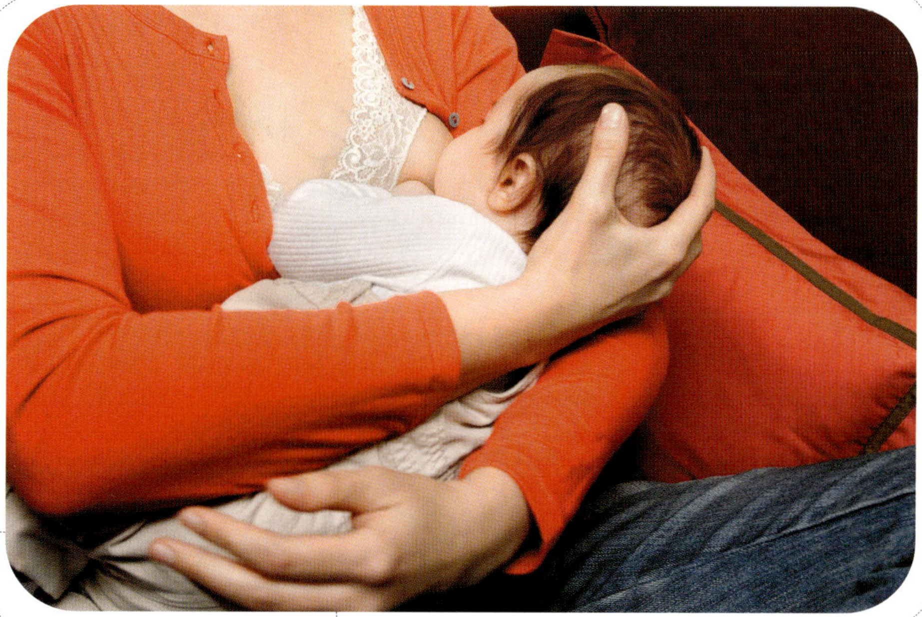

En berceuse

C'est le plus classique : vous, assise le dos bien calé, les épaules souples, l'enfant bien au creux de vos bras. Veillez à ce que sa tête ne soit pas en hyperextension et que sa bouche prenne tout ou une grande partie de l'aréole (selon sa taille). N'hésitez pas à surélever vos pieds.

En ballon de rugby

Tenu sous votre bras, le corps enroulé autour de votre taille... c'est parfait après une césarienne (il ne pèse pas sur la cicatrice). Mais aussi en cas de crevasse : changer de position évite qu'il appuie toujours au même endroit du mamelon. Et l'on voit bien la position de sa bouche sur le sein.

Allongée

Une méthode confortable pour les tétées de nuit et lors des repos au cours de la journée. Mais pas forcément conseillée les premiers jours : le sein est alors un peu affaissé et certains bébés éprouvent des difficultés à le prendre. Si c'est le cas du vôtre, attendez au moins le retour à la maison pour adopter cette position.

Avec un coussin d'allaitement

Sans effort pour vous, il est essentiel que le bébé soit bien positionné face au sein. Le coussin sert alors à le mettre à bonne hauteur tout en soutenant le coude qui porte le bébé. Et non à coucher l'enfant dessus, vous penchée vers lui (mal au dos et crevasses assurées).

Assis face à vous

Une position pas évidente avec un nouveau-né qui ne tient pas tout seul sa tête et manque encore de tonus musculaire. Mais très vite, elle peut s'avérer utile en cas de réflexe d'éjection fort du lait, celui-ci provoquant souvent un reflux chez le bébé. Installé à la verticale, le phénomène est atténué.

Avec un tire-lait

Placez l'embout bien au milieu du mamelon, l'appareil bien vertical et appuyez d'abord doucement pour être sûre qu'il est placé correctement. Si l'on a beaucoup de lait, on peut aussi le tirer pendant que le bébé tête : le réflexe d'éjection déjà déclenché, le lait coule plus facilement.

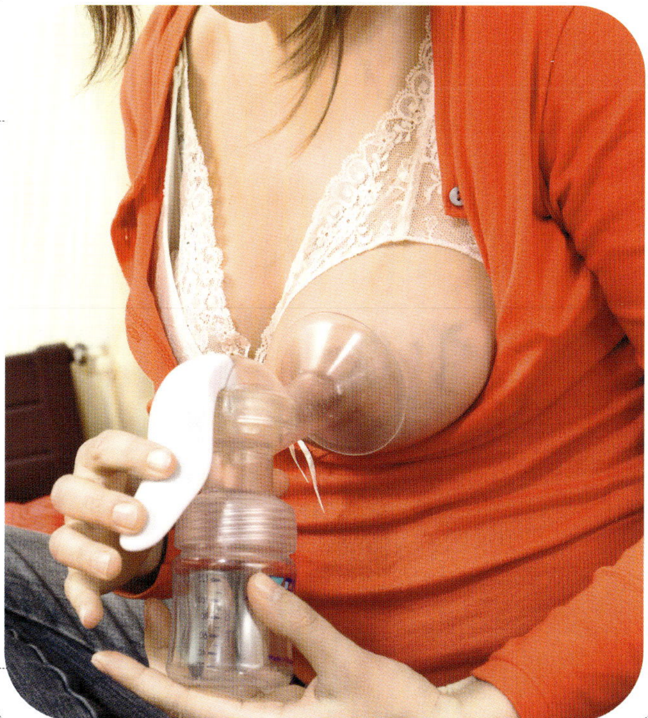

Questions-Réponses

Faut-il mettre bébé au sein dès sa naissance ?

Oui. Sa mise au sein précoce favorise un allaitement réussi. C'est pourquoi dans la plupart des maternités on pose le nouveau-né sur le ventre de sa maman dès la naissance, en peau à peau. Il n'est pas rare de le voir alors « ramper » vers le sein, comme attiré par son odeur, et commencer à téter immédiatement.
Aussi, n'hésitez pas dans les premières heures, si le cœur vous en dit ! Bébé profitera des bienfaits du colostrum, ce « premier » lait riche en anticorps, très concentré en protéines et en éléments nutritifs, qui après quelques jours sera remplacé par le lait transitionnel puis par le lait maternel. De plus, son réflexe de succion naturel est lui aussi intense durant les premières heures de vie et cette succion a l'avantage de stimuler la montée laiteuse de la maman.

À savoir : ce réflexe de succion diminue lentement après la sixième heure et s'intensifie entre la douzième et la quarante-huitième heure. Aussi, entre ces deux périodes, la mise au sein de votre bébé risque-t-elle d'être un peu plus difficile ! Ne vous en inquiétez pas.

Doit-on allaiter à heure fixe ou à la demande ?

Écoutez votre bébé et votre corps : pas d'horaires fixes ni de durées chronométrées, mais nourrissez votre bébé avec bon sens ; laissez-lui le temps de digérer entre deux tétées et ne confondez pas les pleurs de faim et les autres. Sachez que c'est votre bébé qui, par sa demande et une succion régulière, va régler peu à peu votre lactation. Notez toutefois qu'actuellement les professionnels de santé ne conseillent plus de nourrir le bébé « à la demande » mais... aux signes d'éveil.
Une nuance importante qui signifie qu'on n'attend plus que le nouveau-né hurle de faim pour lui proposer le sein. En effet, cette méthode présente un risque : le tout-petit trop fatigué, ou pas encore assez tonique pour réclamer peut dormir apparemment en toute tranquillité alors qu'en réalité il est trop épuisé pour téter. Mieux vaut donc observer votre nourrisson. Lorsqu'il fait mine de se réveiller, qu'il fait de petites grimaces et commence à s'agiter, amenez-le doucement tout près de votre sein pour qu'il tète à volonté. S'il a faim, il le prendra.

Combien de temps dure la tétée ?

Certains nourrissons tètent à toute allure, d'autres prennent tout leur temps. Mais, en général, la tétée dure 5 minutes au début, puis augmente progressivement jour après jour pour atteindre 10 à 20 minutes en moyenne. Au-delà, bébé tète essentiellement pour son plaisir et non plus pour se nourrir !

Dois-je lui présenter toujours le même sein ?

Non. Proposez les deux seins en alternance. Commencez chaque tétée par un sein différent du précédent repas pour bien vider chaque sein. Vous éviterez ainsi au maximum les risques d'engorgement.

Combien de tétées va-t-il prendre par jour ?

En général, le nombre de tétées varie de cinq à dix par 24 heures. Le plus souvent, on en compte entre six et huit, soit une toutes les 3 ou 4 heures, le jour comme la nuit au début. Mais ce n'est qu'une moyenne.

Comment savoir s'il a pris assez de lait ?

Ne vous inquiétez pas, votre bébé fixe lui-même ses rations qui varient considérablement d'une tétée à l'autre. Pour savoir s'il est repu, observez-le : lorsqu'il tète, ses lèvres sont retroussées, on voit ses tempes remuer au rythme de la succion et il déglutit régulièrement, signe qu'il avale du lait.
Après la tétée, s'il s'endort paisiblement et immédiatement, ne pleure pas sans cesse et ne rapproche pas plusieurs fois les tétées, soyez sûre qu'il mange bien !
En revanche, si vous trouvez qu'il est fatigué, peu réactif lorsqu'il se réveille ou dort énormément sans prendre de poids, consultez. Il est possible que la tétée le fatigue et ne le nourrisse pas assez.

Que faire s'il pleure à la fin de la tétée ?

Dans les minutes qui suivent la tétée, il arrive que bébé se mette à pleurer. Peut-être mange-t-il très vite et son besoin de succion n'est-il pas entièrement satisfait, ou alors doit-il encore faire un rot.
Enfin, il est possible les premières semaines qu'il soit sujet aux fameuses coliques du nourrisson, qui provoquent une petite gêne tout à fait habituelle lors de la digestion et disparaissent naturellement au cours des deux ou trois mois après la naissance.

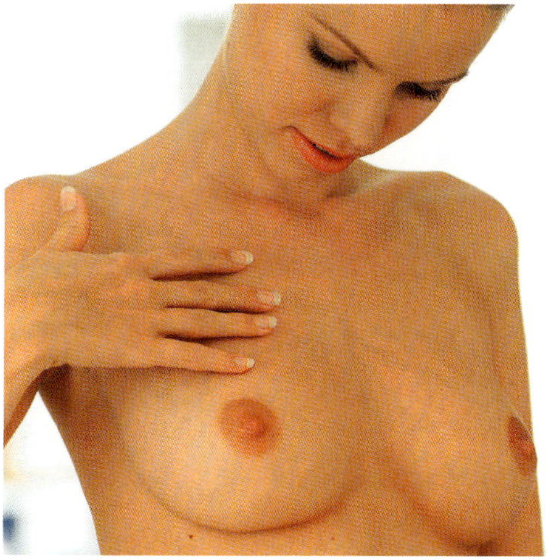

Faut-il peser bébé à chaque tétée ?

Non, c'est en général inutile avant et après chaque tétée (sauf avis médical contraire, ou si votre bébé est prématuré). Sachez que la prise de poids régulière, vérifiée lors des visites médicales de routine, et l'état général de votre tout-petit sont un indice et un gage de sa bonne nutrition.

À savoir : un nouveau-né prend en moyenne 20 à 25 g par jour le premier mois, 20 g par jour le deuxième mois, 30 g tous les deux jours le troisième mois.

Et le peser chaque jour ?

C'est inutile et même stressant. Mais le peser tous les deux ou trois jours peut vous rassurer pendant les deux premières semaines. Sachez pourtant que si votre nourrisson est en bonne santé, le peser lors des visites chez le médecin ou à la PMI est suffisant pour suivre sa courbe de croissance. En revanche, on peut vous conseiller de vérifier la courbe de poids de votre bébé s'il est de petit poids ou né prématuré.

Comment préserver la montée laiteuse ?

Il n'existe pas de médicament miracle pour augmenter la sécrétion lactée. Le meilleur traitement : allaiter régulièrement, et souvent, puisque c'est la succion de bébé qui stimule la production de lait. Autres impératifs : vous reposer au maximum, car stress, contrariété et fatigue peuvent perturber votre lactation. Ne sautez pas de repas, mangez équilibré, en quantité raisonnable et buvez beaucoup d'eau. Enfin, un truc de « grand-mère » : anis, houblon et fenouil augmentent les sécrétions lactées... Ne vous en privez pas !

Que faire en cas d'écoulement très important ?

N'hésitez pas à en parler à votre médecin traitant ou à votre pédiatre : il peut vous prescrire un traitement homéopathique ou phytothérapique (à base de plantes) pour diminuer votre lactation.

Un conseil : réduisez un peu et temporairement la quantité de boissons que vous absorbez.
En tout état de cause, protégez-vous de l'humidité et de la macération en plaçant une compresse ou un coussinet d'allaitement (jetable ou lavable) dans le fond de votre soutien-gorge. Et changez-le dès qu'il est mouillé, il est indispensable de préserver vos mamelons.

Comment recueillir mon lait ?

Avec des coquilles de recueil en silicone que vous glisserez entre votre sein et le soutien-gorge lorsque vous allaitez de l'autre sein ou si vous devez sortir faire une

POUR VOTRE CONFORT

Lors de l'allaitement

- Un fauteuil confortable à accoudoirs
- Une chemise ou un tee-shirt « d'allaitement » (ouverture facilitée mais discrète)
- Un soutien-gorge d'allaitement
- Un coussin d'allaitement (ou un traversin)

Pour allaiter allongée

- Un gros oreiller pour caler votre dos
- Un petit oreiller ou un coussin à placer sous votre coude

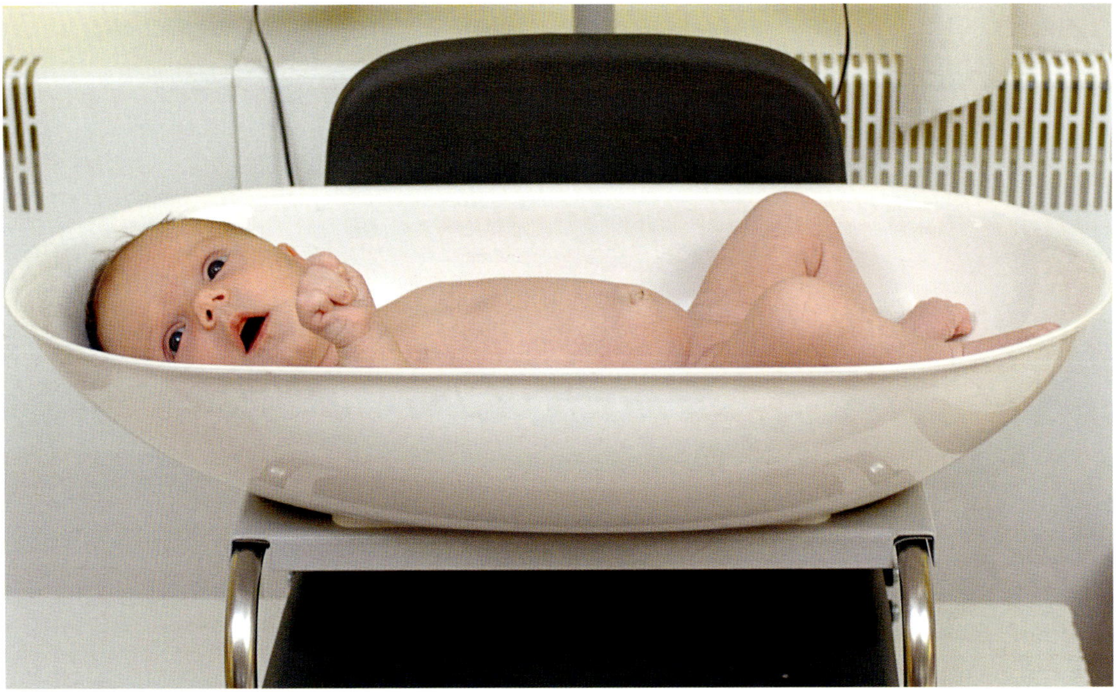

petite course. Ne les gardez pas plus de trois quarts d'heure sous peine de créer un engorgement ou au contraire un flux continu de lait (la coquille appuie sur la glande mammaire). Au-delà d'une demi-heure, jetez ce lait recueilli. Si vous souhaitez le donner à boire au bébé, faites-le immédiatement après recueil ou transvasez le lait recueilli dans un biberon que vous placerez au réfrigérateur. Vous pouvez également utiliser un tire-lait.

Quel modèle de tire-lait choisir ?

Tout dépend de l'usage que vous en aurez. Il existe actuellement des tire-lait électriques qui conviennent plutôt pour une utilisation régulière et de longue durée, et des tire-lait manuels parfaits pour des utilisations de courte durée. En déplacement ou au travail, vous aurez avantage à utiliser un modèle manuel tout simple, ou à piles, léger et très discret. À condition de prévoir un lieu de stockage adéquat (frigo à la cantine ou glacière et packs de glace). Comment cela marche-t-il ? Vous placez la téterelle contre votre mamelon. Ensuite, à chaque mouvement du piston, le lait est aspiré et coule dans le biberon réservoir. Les modèles électriques perfectionnés gardent en mémoire les données précédentes et permettent de moduler la durée, la force du cycle d'aspiration et le rythme de succion.

Combien de temps conserver mon lait ?

Il faut le conserver vingt-quatre heures au réfrigérateur et deux mois au maximum au congélateur. À la condition expresse de respecter la chaîne du froid et des règles d'hygiène très strictes.

Comment préserver mes seins ?

Contrairement à une idée reçue, allaiter n'abîme pas la poitrine, à condition de porter un soutien-gorge adapté (il en existe désormais de nombreuses marques, très « mode » et féminins) et d'hydrater et assouplir la peau : c'est la variation brutale de taille qui peut endommager les seins en faisant apparaître des vergetures.

Que faire si mes seins sont douloureux ?

Si votre mamelon est douloureux lors de la tétée, changez la position de bébé qui, n'appuyant plus exactement au même endroit, le soulagera. Et pensez à mettre un protège-mamelon en silicone au début de la tétée.
Si vous ressentez une douleur forte, vous pouvez également prendre un analgésique en demandant conseil à votre médecin traitant.

Comment éviter les crevasses ?

Lors de la toilette de vos seins, n'utilisez pas d'alcool ni de savon irritant. Préférez les tétées de courte durée, ne laissez pas le nouveau-né « tétouiller » et prenez soin de le retirer très délicatement du mamelon. Séchez ensuite soigneusement vos seins. Entre deux tétées, vous pouvez aussi appliquer une crème ou un baume spécial mamelon. Il existe des marques bio, donc garanties sans produits chimiques.

Que faire en cas d'engorgement ?

L'engorgement est généralement dû au fait que votre bébé ne vide pas suffisamment vos seins lors des tétées ou que vous produisez beaucoup de lait. Pour faire cesser cette situation (douloureuse) au plus vite et au plus agréable, procédez ainsi :

- appliquez des compresses d'eau chaude avant la tétée. Ou douchez-vous en aspergeant vos seins d'eau chaude pendant 10 minutes ;
- massez vos seins pour les assouplir ;
- continuez de faire téter votre bébé au sein engorgé, en veillant à ce qu'il soit complètement vidé. S'il ne l'est pas, extrayez votre lait manuellement ;
- après la tétée, n'oubliez pas d'appliquer de la glace ou un coussin thermique durant 15 à 20 minutes afin d'atténuer la douleur.

J'ai trop de lait, que faire ?

Vous pouvez le recueillir grâce au tire-lait et le conserver plusieurs mois au congélateur afin d'en faire profiter votre bébé lorsque vous aurez repris votre travail par exemple. Et n'hésitez pas à contacter le lactarium le plus proche de chez vous. Il sera ravi de pouvoir récolter votre lait pour nourrir des bébés hospitalisés. Certaines conditions médicales sont requises.

Je n'ai pas assez de lait

Le fait que bébé tête favorise la production de lait, tout comme le fait de tirer son lait au moyen d'un tire-lait. Donc ne désespérez pas mais, au contraire, prenez patience et persévérez. N'oubliez pas qu'il faut parfois plusieurs jours, voire plusieurs semaines pour que la lactation s'installe et que vous trouviez tous deux votre rythme de croisière. Les premiers jours, la lactation peut être chaotique. L'important est alors de mettre souvent bébé au sein afin de la stimuler. Enfin, sachez qu'il est très rare qu'une femme n'ait pas assez de lait. La plupart du temps, le problème vient plutôt du fait que le bébé ne parvient pas à bien prendre le sein et à téter correctement.

Allaiter a-t-il une vertu contraceptive ?

Non. L'allaitement maternel n'empêche nullement une vie sexuelle épanouie, mais ce n'est pas une méthode de contraception. Contrairement à une idée répandue, cela ne prémunit donc pas d'une nouvelle grossesse avant le « retour de couches » qui, toutefois, apparaît souvent plus tard lorsqu'on allaite. Il semble pourtant qu'un allaitement « intensif » d'au moins six à huit tétées par 24 heures dont une ou deux par nuit soit une méthode fiable (d'après les recommandations de

LA BONNE ALIMENTATION

Pour allaiter, vous devez être en pleine forme, ce qui implique une bonne hygiène de vie.

Nos conseils :

- Boire autant que vous en ressentez le besoin (sans toutefois vous forcer !) : de l'eau, des tisanes, des jus de fruits, du lait écrémé, demi-écrémé, etc.
- Manger en quantité raisonnable.
- Pas d'alcool (ni de tabac) dont les toxiques passent dans le lait et sont absorbés par bébé. Évitez pour la même raison les excitants (café, thé, etc.).
- Quant aux aliments au goût prononcé comme le chou, l'ail ou les épices, ils ne sont pas défendus, mais leur saveur passe aussi dans votre lait : bébé peut aimer ou pas !

Côté médicaments, peu d'entre eux sont réellement contre-indiqués mais par prudence demandez toujours l'avis de votre médecin.

POUR COMPRENDRE LE PHÉNOMÈNE DE LA LACTATION

Le sein est une véritable petite usine où se succèdent plusieurs étapes, chacune étant essentielle. Tout d'abord, la succion du bébé permet de bien allonger l'aréole et de stimuler les récepteurs sensitifs de cette dernière.

Le message monte directement au cerveau. L'hypothalamus reçoit et gère l'information puis envoie un nouveau message à l'hypophyse qui va sécréter deux hormones fondamentales dans l'écoulement du lait : la prolactine et l'ocytocine.

La prolactine est responsable de la fabrication du lait dans les alvéoles du sein ; l'ocytocine assure l'éjection du lait hors du sein par un flux plus ou moins constant et habituellement généré par la vigueur de la succion. Parfois, surtout au cours des quatre premières semaines, la sécrétion d'ocytocine se fait de façon intempestive. Un sein peut alors couler pendant que le bébé tète l'autre sein. Ou les deux seins peuvent se mettre à couler en dehors de la mise au sein ou même sans raison particulière. Cela s'estompe au cours des semaines.

la Haute Autorité de Santé), jusqu'à six mois. Elle est connue sous le nom de « Mama » (Méthode de l'Allaitement Maternel et de l'Aménorrhée).

J'ai une petite poitrine. Aurai-je assez de lait pour allaiter ?

La taille de votre poitrine et la production de lait ne sont pas liées. L'important est que les vaisseaux sanguins et lymphatiques assurent une bonne irrigation des seins. De même, des mamelons très petits n'empêchent pas bébé de téter. C'est en tétant la base de l'aréole que bébé provoque la montée de lait.

J'ai les bouts de seins ombiliqués, mais j'aimerais allaiter mon bébé, est-ce possible ?

Cela est tout à fait envisageable. Sous l'effet de la succion, le mamelon va ressortir assez pour que bébé tète sans trop de problème. Sauf cas particulier à voir un professionnel de l'allaitement, on ne conseille plus d'utiliser des « bouts de seins » en silicone. En effet, ils risquent d'entraîner une diminution de la sécrétion lactée en rendant la tétée moins efficace. Voire d'augmenter l'apparition de mastite ou de mycoses.

Parfois un de mes seins coule pendant que bébé tète l'autre, est-ce normal ?

Oui, cela arrive parfois les premiers temps de l'allaitement, la succion stimulant la montée laiteuse. Si c'est le cas, placez une coquille recueille-lait sur le sein et donnez le lait ainsi recueilli au bébé juste après la tétée habituelle. En général, les coquilles ont un petit bec verseur prévu pour cela.

Dois-je donner des compléments d'alimentation à mon bébé, en plus du sein ?

Si l'allaitement de bébé se déroule bien, il n'est pas nécessaire de donner des biberons de lait ou d'eau en plus de son alimentation au sein. Il faut savoir que le mode de succion d'une tétine ou du sein est très différent. Passer de l'un à l'autre peut créer une confusion dommageable. En effet, le lait sort beaucoup plus facilement de la tétine en caoutchouc ou en silicone que du sein. L'enfant s'habitue très vite à cette facilité !

Exception : lorsqu'il fait très chaud, l'été, ou lorsque votre bébé est fiévreux ou encore s'il souffre de diarrhées, il peut être utile de lui donner de l'eau pour éviter tout risque de déshydratation. Utilisez de préférence une tasse de diamètre assez large ou une cuillère dont il pourra « laper » le contenu.

Mon bébé refuse le sein alors qu'il a l'air d'avoir faim. Que faire ?

Plusieurs raisons sont possibles : il a le nez « écrasé » par votre sein. Si c'est le cas, dégagez-le et sa tétée devrait reprendre peu à peu. Peut-être avez-vous parfumé votre buste ou appliqué une pommade dont le goût lui déplaît. Sachez également que votre bébé ne peut téter un sein trop gonflé de lait. Pressez votre sein pour le vider un peu avant de lui donner la tétée.

Également, certains nouveau-nés sont peu toniques, et se fatiguent très vite. Il vaut mieux alors les allaiter souvent, et en petite quantité.
Enfin, il arrive que le lait soit éjecté très fort, en grande quantité. Le tout-petit peut alors avoir un mouvement de rejet. Changer de position d'allaitement permet de diminuer le problème.

Et s'il tétait mal ?

Autre explication au fait qu'il refuse le sein : il peut s'agir d'une mauvaise méthode de succion de bébé lors de la tétée qui entraîne un écoulement insuffisant de lait. Votre petit affamé s'énerve alors très vite, repousse le sein et pleure de frustration.
Réhabituez-le à prendre correctement la tétée. Installez-vous tous deux confortablement, dans le calme, et approchez le sein de sa bouche, en un contact peau à peau qu'il apprécie. Il va sentir votre sein et le lait qui est tout proche. Encouragez-le en lui parlant doucement et, face à lui, ouvrez la bouche... Vous serez surprise de le voir faire de même, par imitation ! Petit à petit, votre bébé va accepter en douceur de prendre le mamelon. Il l'aimera pour se réconforter, puis pour se nourrir.
Autre astuce, faire couler un peu de lait sur ses lèvres devrait l'inciter à ouvrir grand la bouche pour prendre le mamelon entier. Mais dans tous les cas, ne le forcez pas. Et si le problème persiste, sachez que vous pouvez faire appel à une association de soutien à l'allaitement de votre département.

Si je lui donne des médicaments à l'aide d'un biberon, refusera-t-il ensuite le sein ?

Ne vous inquiétez pas à ce sujet. Que vous utilisiez un biberon spécial médicaments ou une tétine doseuse pour donner ses remèdes à votre petit malade, il n'y a aucun risque qu'une confusion sein-tétine s'installe. En effet, le temps de mise en bouche de la tétine est trop court et rapide pour qu'il s'habitue et ensuite refuse votre sein. Surtout si le biberon est équipé d'une tétine nouveau-né dont la forme s'approche au mieux de celle du sein maternel.

Allaiter des jumeaux, est-ce possible ?

Bien sûr. Ne vous faites pas de souci, allaiter des jumeaux est certes un peu plus compliqué que de nourrir un seul enfant, mais ce n'est pas insurmontable. Patience et détermination doivent rester vos mots d'ordre. N'hésitez pas à demander l'aide d'une spécialiste.

Puis-je leur donner la tétée en même temps ?

Oui, vous pouvez les allaiter ensemble, chacun disposant d'un sein ! L'allaitement simultané est la solution la plus simple et la plus rapide à condition que vos deux bébés aient faim en même temps, que vous soyez en forme et en ayez envie. Installez-vous très confortablement, en position assise ou allongée (surtout la nuit pour favoriser le retour de votre sommeil). Placez vos bébés de part et d'autre de votre corps en les calant au besoin avec un coussin. Il est toutefois tout à fait possible que le rythme de succion de vos jumeaux ne soit pas identique. Dans ce cas, vous préférerez peut-être leur donner la tétée séparément. (Voir questions sur les jumeaux en fin d'ouvrage).

Dois-je laver mes seins avant la tétée ?

Non. Il n'est pas utile de nettoyer vos seins avant chaque tétée, à partir du moment où ils ont été lavés soigneusement lors de la douche quotidienne. Au contraire, ils gardent ainsi l'odeur maternelle du lait qui guide instinctivement votre bébé vers le mamelon. En revanche, si du lait s'écoule entre deux tétées, essuyez-le bien pour éviter que l'humidité crée une macération.

Comment savoir s'il tète bien ?

Une prise de poids régulière, un bon état de santé général, un bon tonus et une bonne position lors de la prise du sein sont les signes d'une tétée correcte. Petite astuce pour être sûre : lorsqu'il tète vous voyez ses tempes bouger au gré de la succion et devez l'entendre déglutir de temps à autre.

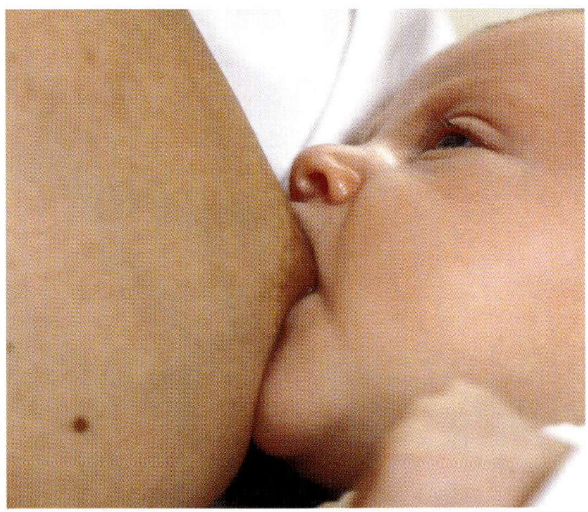

Le point sur... le sevrage

L'Organisation mondiale de la santé préconise un allaitement maternel exclusif durant les six premiers mois de l'enfant. Il peut se poursuivre ensuite à condition d'accompagner la diversification alimentaire. Mais, bien souvent, la jeune maman doit reprendre son travail et envisage alors assez rapidement de diminuer, voire d'arrêter l'allaitement. Pourtant la fin du congé de maternité n'est plus forcément synonyme d'arrêt de l'allaitement et sevrage du bébé. Désormais, si vous le souhaitez, allaiter et travailler sont davantage compatibles, même si cela demande un peu d'organisation et parfois de détermination.

À la reprise du travail

Les tétées du matin et du soir peuvent être conservées très longtemps, les jours où la maman travaille. Et l'allaitement peut être repris intégralement durant le week-end et chaque fois que l'occasion se présente, même irrégulièrement (la nuit, les jours fériés, les vacances...). Du coup, bébé comprend que lorsqu'il est avec sa maman, il est allaité, et qu'en son absence il est nourri au biberon. Simplement, pour que cela soit possible, il faut que la lactation soit maintenue et entretenue, puisqu'en matière d'allaitement, c'est la demande qui crée l'offre. Autrement dit : plus on allaite, plus on a du lait ! Le plus simple est de tirer son lait. Cela permet de maintenir la lactation tout en évitant le risque d'engorgement. En même temps, le lait recueilli peut être donné au bébé en votre absence, par le papa ou la nounou. Au moment où vous prospectez pour votre mode de garde, mettez toutes les chances de votre côté. Mieux vaut alors discuter clairement de votre choix de continuer d'allaiter avec la ou les personnes qui vont s'occuper du bébé en journée. Sachez que de plus en plus de crèches favorisent la poursuite de l'allaitement maternel.

Faciliter la transition

Pour que bébé passe du sein au biberon (et inversement) le plus facilement possible, optez pour des biberons dont la tétine ressemble au sein maternel. De nombreux fabricants conçoivent des tétines spécifiques pour allaitement mixte : leur texture en silicone est plus dure que les autres modèles afin d'offrir la même « résistance » que le sein et leur forme, à base large, est particulièrement étudiée pour ne pas trop modifier la technique de succion du bébé.

Côté maman, vous devez penser à soulager vos seins. Lorsque vous réalisez le sevrage de la journée, mieux vaut réduire parallèlement les montées de lait qui se produisent naturellement et vous procurent de l'inconfort. Il faut également prévenir l'accumulation de lait dans les canaux qui peut provoquer une inflammation.

Pour cela, certaines précautions s'imposent :

- exprimez la quantité de lait juste nécessaire pour éviter l'engorgement, mais moins que ce qu'aurait bu votre nourrisson ;
- avant de tirer votre lait, prenez une douche chaude qui détend le sein et stimule le réflexe d'expulsion du lait ;
- enfin, portez un soutien-gorge efficace et confortable. Il ne doit pas comprimer le sein car cela peut favoriser une infection mammaire.

Un sevrage progressif

Le sevrage doit être progressif. Habituellement, on supprime d'abord la tétée du milieu de journée : celle que vous ne pourrez assurer lors de votre reprise du travail. On remplace alors la tétée d'après-midi par un biberon (éventuellement de lait maternel !). Quelques jours plus tard (deux ou trois en général), ce sera au tour d'une autre tétée d'être remplacée. Lorsque vous travaillez, vous pouvez conserver la tétée du matin et celle du soir. Aussi longtemps que vous le souhaitez et que vous aurez du lait.

Enfin, sachez qu'à la reprise du travail vous pouvez bénéficier d'une réduction d'horaire d'une heure par jour à prendre en deux fois 30 minutes (le matin et dans l'après-midi, généralement). Votre employeur n'est pas obligé de vous payer cette heure, sauf si la convention collective le prévoit. En revanche, il n'existe pas en France de « congé allaitement » proprement dit.

Préparer et donner le biberon

Un nouveau-né boit son biberon au minimum six à huit fois par 24 heures, y compris la nuit. Certains bébés sont vraiment affamés, d'autres moins. Vous découvrirez vite à quelle catégorie appartient le vôtre ! Donner le biberon est le moment privilégié pour instaurer une complicité forte et créer les premiers liens entre vous et votre bébé. Installez-vous confortablement, dans le calme. Profitez pleinement de ce rendez-vous en tête-à-tête et yeux dans les yeux. Sans télévision ni téléphone.

Tête soutenue

Pour lui donner son biberon, installez-vous confortablement, sa tête bien calée au creux de votre bras. Inclinez le biberon pour que la tétine soit toujours pleine de lait. Ainsi, le bébé avale moins d'air. Veillez à ce qu'il ne soit pas trop allongé pour que son lait ne fasse pas fausse route !

LE MATÉRIEL indispensable

- Six biberons complets composés du corps du biberon, de la bague de vissage, de la tétine, de l'opercule, du capuchon
- Un goupillon pour biberon
- Un goupillon de petite taille, spécial tétine
- De l'eau minérale convenant pour un nouveau-né
- Une boîte de lait en poudre
- Une mesurette
- Un couteau plat pour araser la mesure de poudre

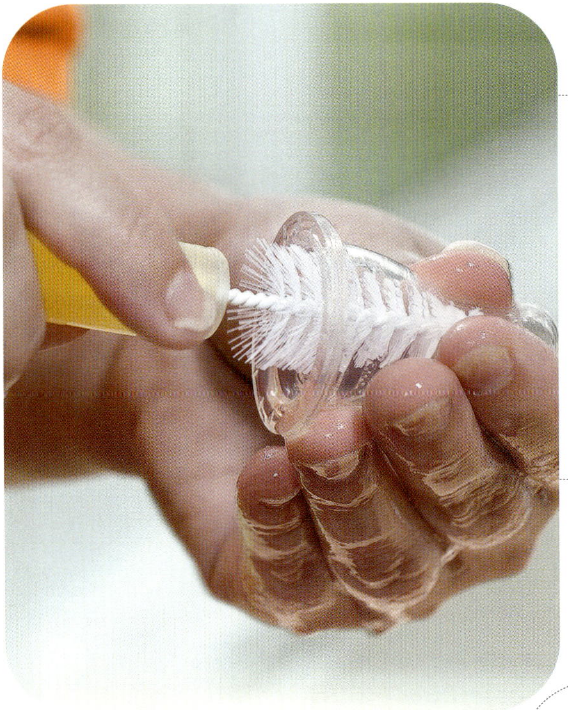

La tétine aussi

Après avoir lavé le corps du biberon avec le grand goupillon, nettoyez à l'aide du petit goupillon l'intérieur de la tétine. Au besoin, retournez-la. Et frottez bien les rainures de la bague de serrage.

La bonne dose

On verse toujours l'eau d'abord, la poudre ensuite. Il est important d'araser la mesurette avec le dos d'un couteau propre pour être sûr de respecter la bonne dose.

Bien mélanger

Ne secouez pas le biberon façon shaker pour mélanger l'eau et le lait. La poudre risque de rester collée dans la tétine et des grumeaux peuvent se former. Roulez-le simplement entre vos mains.

Redressé pour le rot

Le biberon terminé, gardez votre bébé dans vos bras un moment en attendant qu'il fasse son rot. Pour l'aider, redressez-le, son ventre bien plaqué contre vous et tapotez son dos tout en douceur ou massez-le de bas en haut pour faire remonter la bulle d'air.

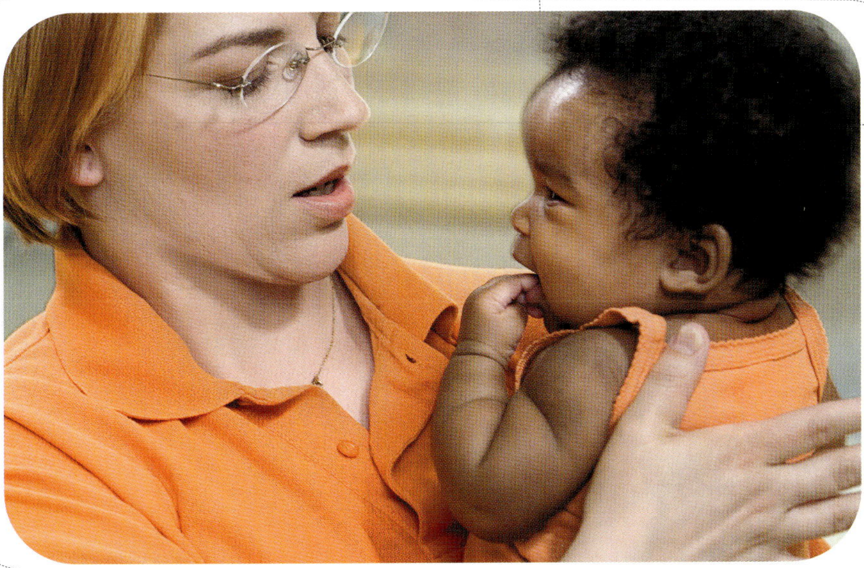

Questions-Réponses

À PROPOS DU MATÉRIEL

Différentes sortes de biberons existent : dois-je préférer ceux en verre ou en plastique ?

En verre, le biberon supporte très bien les multiples lavages, sans déformation ni perte de qualité. En revanche, il se casse. En plastique, il est incassable et léger mais a tendance à se ternir au fil du temps. Le mieux : au début, préférez le verre ; puis, lorsque votre enfant aura grandi et souhaitera prendre en main lui-même son biberon, vous passerez au plastique. Et, surtout, achetez des biberons dits complets, c'est-à-dire qui comportent le corps du biberon, la tétine, la bague de serrage, le capuchon et l'opercule antifuite. Vous serez ainsi sûr de la compatibilité de tous ces éléments entre eux.

Quelle forme de biberon convient le mieux à mon bébé ?

Conique, triangulaire, coudé, troué au centre... Toutes les formes existent. Laquelle préférer ? Tout dépend de vos goûts, classiques ou originaux, mais aussi de l'âge de votre bébé. Pour votre tout-petit, misez sur le classique, facile à nettoyer. Assurez-vous qu'il existe un goupillon correspondant qui permette de bien atteindre tous les coins ou les courbes du corps du biberon, et choisissez un modèle qui tienne bien en main. Les premiers mois, vous allez donner entre six et huit biberons par jour. Autant éviter les crampes ! Les biberons incurvés présentent l'avantage de maintenir la tétine toujours pleine et donc d'éviter l'ingestion d'air, source de tracas intestinaux. Ils se tiennent également bien en main. Mais ils ne sont pas les plus faciles à laver à défaut de goupillon de même forme, et peuvent se révéler difficiles à caser dans le stérilisateur si vous souhaitez le stériliser. Quoi qu'il en soit, il est impératif que le resserrement au niveau du goulot ne soit pas trop important, ce qui empêcherait le goupillon de passer dans l'angle ainsi formé.

Quel modèle de tétine dois-je choisir pour mon tout-petit ?

Premier âge à trois vitesses, débit variable, nouveau-né... Les dénominations ainsi que les conceptions varient considérablement selon les marques (voir notre

encadré). Mais sachez que, pour s'adapter parfaitement au nouveau-né, il existe de plus en plus de modèles qui adoptent une forme très proche de celle du sein maternel, avec une base élargie.
C'est parfait lorsque biberon et tétées sont alternés, par exemple en cours de sevrage. Quel que soit le type de tétine choisi, veillez à ce qu'elle dispose d'un système de régulation d'air. Ainsi, elle évitera à votre nourrisson d'avaler trop d'air en même temps que son lait, ce qui peut provoquer régurgitations et problèmes de digestion.

Caoutchouc ou silicone ?

Peu importe, les deux matières se valent. Le caoutchouc présente l'avantage indéniable d'être très souple et indéchirable. Mais les lavages successifs le « cuisent » au point qu'il devient collant et s'use finalement relativement vite. Il n'est d'ailleurs pas conseillé de laver une tétine en caoutchouc dans le lave-vaisselle : elle devient alors poreuse.
Le silicone est plus résistant, mais plus dur « sous la dent ». Il a tendance à se durcir et à se fendiller à l'usage. Ses atouts : sa transparence vous permet de vérifier d'un coup d'œil la propreté de la tétine. C'est donc à bébé de choisir en fonction également de la force avec laquelle il est capable de téter (variable

d'un enfant à l'autre). Au début de la mise au biberon, achetez un exemplaire de chaque et observez les réactions de votre tout-petit... Une seule réserve : si votre bébé a une sucette physiologique (une « tototte »), veillez à lui donner au biberon une tétine de même texture que celle de sa sucette pour éviter de le troubler en le mettant en contact avec des matières différentes.

Quelle taille de biberon dois-je choisir, et pour quel usage ?

Au début, vous pouvez opter pour de petits biberons de 110 à 120 ml car votre bébé ne boit pas une grande quantité de lait à chaque repas.

Ces biberons vous serviront plus tard pour les goûters, l'eau ou la prise de jus de fruit. Mais vous pouvez aussi vous diriger d'emblée vers les biberons de 240-260 ml qui conviennent tout particulièrement aux repas des nouveau-nés, jusqu'à quatre mois environ.

Ensuite, vous passerez au grand biberon de 300 à 340 ml dont la contenance correspond à l'appétit des petits gourmands au-delà de quatre mois, pour le lait, les farines, les féculents ou la soupe de légumes. Quant au petit biberon de 40 ml, il est conçu pour la prise de vitamines ou de médicaments.

Combien de biberons dois-je prévoir ?

Votre nouveau-né boit entre cinq et huit biberons en 24 heures. C'est donc le nombre de biberons dont vous devrez disposer pour en avoir toujours un d'avance et éviter d'avoir à le laver plusieurs fois par jour. En revanche, si vous allaitez votre bébé, vous pouvez prévoir deux biberons au cas où.

Faut-il stériliser ses biberons ?

A priori, ce n'est pas indispensable. L'Agence française de sécurité sanitaire des aliments (Afssa) a publié en juillet 2005 des recommandations officielles sur la préparation et la conservation des biberons. Elle y affirme que, à domicile, la stérilisation n'est pas nécessaire. En revanche, il est fondamental d'effectuer un lavage très soigneux, suffisamment long et à grande eau pour assurer une hygiène impeccable. En effet, seule l'absence totale de résidus de lait permet d'éviter la multiplication bactérienne, cause fréquente de diarrhées et de gastro-entérites chez le nouveau-né. Toutefois, si vous êtes de nature angoissée, si votre bébé est né prématuré ou en cas de fortes chaleurs, demandez conseil à votre pédiatre.

TOUT SAVOIR SUR LES TÉTINES

Différents modèles coexistent. Certaines tétines pour nourrissons ont un perçage excentré afin que le lait coule lentement sur les côtés, vers l'intérieur des joues de bébé, et non directement au fond de sa gorge. Autre critère de la tétine premier âge convenant au nourrisson de moins de quatre mois : l'embout de succion est plus court que celui des tétines deuxième âge, qui conviennent au-delà de quatre mois. Toujours côté forme, certaines tétines dites « physiologiques » rappellent la forme du mamelon maternel, facilitant ainsi un sevrage en douceur si vous avez allaité précédemment votre bébé. Munies de repères, les tétines dites « à trois vitesses », qui existent en taille premier âge et deuxième âge, permettent de choisir le débit du lait selon l'appétit, la force et le rythme de succion de votre bébé.

Les tétines à ouverture en « T » assurent un débit parfaitement régulier quelle que soit la position du biberon dans la bouche. Très pratique lorsque bébé boit tout seul au biberon sans se préoccuper de la position de sa tétine ! Il existe enfin dans le commerce des tétines « spécial prématuré » plus souples et de plus petite taille que les autres.

Le mieux est de tester deux ou trois modèles différents et d'observer la préférence de votre nourrisson. Dans tous les cas, sachez que la durée de vie d'une tétine n'est pas illimitée. Contrôlez régulièrement son état.

Un moyen simple pour savoir si vous devez la changer : lorsque vous pincez le bout de la tétine, celui-ci doit revenir en place rapidement. Vérifiez également que l'ouverture ne s'est pas agrandie, le lait coulerait trop vite.

LES DIFFÉRENTES SORTES DE LAITS EN POUDRE

De quoi est composé le lait en poudre ?

Il s'agit d'aliment lacté diététique (ALD) fabriqué à partir de lait de vache modifié et transformé pour correspondre aux besoins de votre tout-petit.

Quel lait pour quel âge ?

Si le lait maternel constitue la meilleure alimentation possible pour un nourrisson, les laits produits par les industriels sont équilibrés et adaptés à l'alimentation du bébé, de sa naissance à quatre mois lorsqu'ils sont dénommés « lait premier âge ». Ensuite, le lait « deuxième âge » ou « de suite » prend le relais après quatre mois et jusqu'à un an. Le lait de vache n'est donné qu'après un an, car il est trop salé, trop riche, trop gras, et trop protéiné pour un nourrisson. Parmi les laits premier âge, on trouve des formules plus adaptées à certains troubles digestifs du nourrisson : laits sans lactose, laits spécial transit, laits fermentés ou acidifiés ou encore laits antireflux. Parlez-en avec votre médecin.

Combien de temps se conserve une boîte de lait en poudre ?

Au maximum un mois révolu après son ouverture. Pensez à coller sur la boîte une étiquette indiquant la date où vous l'avez commencée !

Et si mon bébé est allergique aux protéines du lait de vache ?

Sur prescription médicale, vous pouvez disposer de laits à base de protéines de soja (mais attention, il existe toutefois des allergies croisées aux protéines de soja et à celles du lait de vache), de laits hypoallergéniques (HA) ou même à hydrolysats poussés en cas d'allergie avérée.

CÔTÉ HYGIÈNE

Ayez soin de laver le biberon et ses accessoires aussitôt après la tétée afin de ne pas favoriser la multiplication des microbes :

Lavez-vous les mains.

Rincez soigneusement le biberon et la tétine à l'eau très froide, l'eau chaude faisant coaguler le lait contre les parois. Et ensuite :

Pour un lavage à la main :

- immergez le biberon et ses annexes dans de l'eau chaude additionnée de liquide vaisselle ;
- nettoyez à l'aide de l'écouvillon à biberon ;
- rincez soigneusement ;
- vérifiez la parfaite propreté de l'intérieur de la tétine et de tous les joints ;
- laissez égoutter soigneusement. N'utilisez pas de torchon (c'est un nid à microbes !).

Pour un lavage au lave-vaisselle :

- sélectionnez un cycle de lavage complet, programme long à haute température (65 °C minimum) + séchage ;
- placez également bague, capuchon, et tétine en silicone ;
- enfin, rangez-le dans un endroit propre (si possible au réfrigérateur).

LA PRÉPARATION

Dans quelle eau dissoudre le lait ?

Utilisez de préférence une eau en bouteille, qui ne risque pas de contenir du chlore, des nitrates ou des particules potentiellement mauvaises pour la santé. En effet, des études ont récemment montré que l'eau du robinet, même traitée et filtrée par la ville, peut encore contenir de très fines molécules, qui échappent aux filtrations classiques. Comme les résidus d'antibiotiques notamment. Dans le doute, privilégiez l'eau de source. Ne choisissez pas une eau trop minéralisée qui pourrait déséquilibrer les apports en calcium, en sodium, en potassium, etc. Pour vous repérer dans le choix des bouteilles d'eau de marques différentes, sachez que celles qui conviennent à l'usage d'un nourrisson l'indiquent clairement sur l'étiquette. Attention, utilisez l'eau minérale dans les 24 heures suivant l'ouverture de la bouteille, conservée au réfrigérateur. Ne la consommez pas plus tard.

Préparer un biberon d'avance, est-ce possible ?

Oui, à la seule condition de le conserver au réfrigérateur (à température inférieure ou égale à 4 °C) pendant au maximum 24 heures, jamais plus.
Et de le donner à votre bébé au plus tard dans l'heure qui suit la sortie du frigo. Et seulement une demi-heure si le biberon a été réchauffé.

Et réchauffer ce qu'il n'a pas terminé quelques heures auparavant ?

Non, surtout pas. Le lait devient très vite un bouillon de culture. À température ambiante, un biberon doit être consommé au maximum dans la demi-heure qui suit sa préparation. Et un peu plus si vous disposez d'un sac isotherme spécial biberon.

LE REPAS

Faut-il lui donner le biberon à heure fixe ou à la demande ?

Vous constaterez bien vite que votre bébé a un « réveil dans l'estomac », qui sonne… dès qu'il a faim. Aussi est-il préférable de ne pas le laisser pleurer mais au contraire de satisfaire sa faim lorsqu'elle se présente, au moins durant les premières semaines.
Ensuite, il va de lui-même peu à peu régler progressivement son appétit sur un rythme plus régulier d'environ un biberon toutes les 4 heures. Soyez donc particulièrement attentive à ses besoins et essayez d'y répondre au mieux, sans le forcer à boire un biberon s'il le refuse, sous prétexte que « c'est l'heure ».
Mais bien sûr, en cas de fortes contraintes horaires, vous pouvez tenter de déplacer de quelques dizaines de minutes le moment du biberon en devançant légèrement sa demande.

Quant à la nuit, il est inutile de réveiller un bébé qui dort pour le nourrir ; attendez plutôt qu'il se réveille et vous appelle. Dans tous les cas, mieux vaut respecter un minimum de 2 heures entre le début de chaque biberon afin de ne pas troubler sa digestion. Sachez en effet qu'un nouveau-né nourri au sein digère en 1 h 30 environ et un peu plus lorsqu'il est nourri au biberon !

À quelle température doit être le lait ?

Deux écoles coexistent à ce sujet. On peut donner le biberon à température ambiante, c'est-à-dire aux environs de 20 °C, ou le faire chauffer pour s'approcher de la température du lait maternel, à environ 37 °C. Question d'habitude (de nombreuses maternités donnent le lait à température ambiante) et de goût.

Puis-je le réchauffer au four à micro-ondes ?

Ce n'est pas conseillé du tout ! Ce mode de réchauffage est responsable de graves brûlures de l'œsophage chez des nouveau-nés, chaque année en France. En effet, le biberon lui-même reste presque froid alors que le contenu peut être bouillant. De plus, les particules d'eau continuent à chauffer encore 2 minutes après l'arrêt du micro-ondes, d'où risque supplémentaire si l'on n'attend pas un bon moment avant de le proposer au bébé.
Préférez un petit chauffe-biberon électrique ou une simple casserole d'eau. Quel que soit le système choisi, vérifiez bien la température du liquide en versant une grosse goutte sur votre avant-bras, une zone très sensible. Mais attention : après avoir bien remué votre biberon !

Doit-on tenir le biberon dans une position particulière ?

Oui. Prenez soin de toujours le tenir suffisamment incliné afin que la tétine soit en permanence bien pleine de lait, jusqu'au goulot. Sinon, bébé risque d'avaler beaucoup d'air, ce qui favorise la survenue de hoquet, de régurgitations et de problèmes digestifs.

Le biberon fini, mon bébé semble avoir faim. Puis-je ajouter davantage de poudre de lait ?

Non, surtout pas. Le lait doit être dosé exactement d'une mesurette rase de poudre pour 30 ml d'eau, tout surdosage pouvant provoquer une constipation. Proposez-lui tout simplement une plus grande quantité que celle qui, jusqu'à présent, lui suffisait et le satisfaisait.

Sinon, parlez-en à votre médecin. Pensez aussi qu'il peut tout simplement vouloir satisfaire son besoin naturel de succion, parfois important les premiers mois, indépendamment de la nourriture.

Puis-je épaissir le lait avec de la farine ?

Sachez tout d'abord que ce ne sont pas les « farines » qui nourrissent votre bébé mais le lait, seul aliment dont il a vraiment besoin les premiers mois. Elles ne font qu'apporter un supplément de calories rassasiantes, sous forme de glucides à digestion lente.
Cependant, pour satisfaire exceptionnellement un bébé quelque peu « glouton », et si nécessaire après avis médical, vous pourrez lui donner un complément céréalier, à partir de quatre mois ; en épaississant légèrement le lait de son dernier biberon, sa sensation de faim diminuera. Ce complément doit impérativement être sans gluten tant que votre bébé n'a pas atteint six mois, ses intestins n'étant pas capables jusqu'à cet âge de les assimiler.

Il boit trop vite, que faire ?

Dans un premier temps, vérifiez l'état de la tétine, et veillez à bien la régler sur la plus petite vitesse. Ensuite, présentez-lui son biberon en faisant régulièrement des pauses. Vous pouvez aussi essayer de lui proposer le repas un peu plus tôt, sans attendre qu'il « meure de faim » ! Ainsi votre petit gourmand ne se jettera-t-il pas goulûment sur son biberon. Mais ne vous faites pas trop de souci : qu'il boive vite n'a pas de graves conséquences, cela risque seulement de lui faire avaler davantage d'air.

Entre deux biberons, dois-je lui proposer de l'eau en supplément ?

S'il fait très chaud et si l'atmosphère est très sèche, pourquoi pas ? Mais, en temps normal, l'alimentation lactée comporte elle-même l'eau nécessaire à votre bébé. Donc pas d'inquiétude, avant trois ou quatre mois votre nourrisson peut tout à fait refuser une boisson supplémentaire sans que cela lui fasse courir un risque de déshydratation.
Sauf, insistons, en cas de conditions climatiques difficiles ou de sévères maladies entraînant fièvre et/ou diarrhées, qui nécessitent alors un apport conséquent d'eau salée ou de solution de réhydratation.

Quelle est la durée normale d'une tétée ?

Il n'y a pas de règle ni d'obligation à respecter. Mais, pour être efficace, la tétée peut durer entre 15 et 20 minutes. Cette durée satisfait son besoin de succion, important les premiers mois, et permet d'assurer une bonne digestion et d'éviter les régurgitations qui ne manquent pas d'arriver lorsque bébé boit trop vite. Au-delà de ce laps de temps, la tétée est rarement « productive ». S'il s'endort en prenant son biberon, il risque de ne pas réellement boire son lait, et le réclamer à nouveau peu de temps après.

L'AIDER À FAIRE SON ROT

Mon bébé doit-il obligatoirement et régulièrement faire un rot ?

Pas forcément, mais cela est vraiment utile pour le confort de votre nouveau-né. En effet, le rot est un réflexe digestif qui sert à expulser l'air que le bébé a avalé durant la tétée, mais aussi au moment de pleurs qui ont pu précéder le repas. Sans être grave, la présence importante d'air dans son estomac peut toutefois perturber le déroulement de la tétée, autant que le plaisir que l'enfant prend à se nourrir.

On dit que les bébés nourris au biberon avalent plus d'air que ceux mis au sein. Est-ce vrai ?

Oui, et c'est logique. En effet, lorsqu'il tète le sein de sa mère, le nouveau-né plaque entièrement sa bouche sur le mamelon et l'englobe de façon plus hermétique que sur une tétine même spéciale « nouveau-né ». Même lorsque cette tétine est dite physiologique, l'air a tendance à passer entre les commissures des lèvres et dans la tétine elle-même lors de la tétée. Le bébé nourri au biberon avale donc naturellement plus d'air, et aura davantage besoin de faire des rots. En outre, l'enfant au sein adapte sa succion et rythme graduellement le débit du lait maternel selon ses besoins et sa capacité à déglutir.

Comment procéder avec un bébé au biberon ?

S'il boit très vite ou s'il a déjà ingurgité beaucoup d'air en début de repas, votre tout-petit peut ressentir le

IL A LE HOQUET !

C'est très fréquent chez le nouveau-né. Il l'avait même peut-être par moments avant de naître ! Il s'agit d'une excitation du diaphragme qui provient de la pression sur celui-ci de l'œsophage et de l'estomac bien (voire trop) rempli par une ingestion trop rapide de lait ou l'absorption d'air en même temps qu'il boit. Sachez que le hoquet n'est absolument pas douloureux et ne cache pas d'anomalie (bébé ne pleure pas). Il ressent tout au plus une gêne et un inconfort, surtout si la crise dure de longues minutes.

Pour éviter la survenue du hoquet, veillez toujours que votre enfant boive son lait moins vite, et surtout qu'il avale le moins d'air possible pendant la tétée. Pensez également à faire des pauses régulières et plus ou moins espacées durant la tétée. Vous pouvez encore lui proposer une tétine antiaérophagie à vitesse réglable que vous lui présenterez dans la plus petite vitesse afin que son estomac ne se remplisse pas trop vite.

besoin de faire une petite halte en cours de route. Autant que possible, respectez ces arrêts pour lui laisser le temps de reprendre son souffle. Il profitera sûrement de cette pause pour faire un rot. Et ne l'habituez pas à des tétines au débit trop rapide qui risquent d'entraîner une ingestion d'air importante.

Combien de rots pourra naturellement faire mon bébé lors d'une tétée ?

En général, un seul rot se produit après chaque tétée. Mais il n'est pas impossible que votre enfant en fasse deux, voire plus. Différents paramètres entrent en ligne de compte : le caractère du bébé, le climat plus ou moins calme dans lequel il est nourri, sa façon de téter et de déglutir, la position qu'il adopte...

À quel signe doit-on arrêter de donner la tétée au nouveau-né ?

Dès que le tout-petit manifeste son inconfort, dès qu'il arrête ses mouvements de succion, on peut suspendre la tétée un court instant pour attendre un rot éventuel avant de lui reproposer le biberon.

Faut-il imposer des pauses en cours de tétée pour lui permettre de faire un rot ?

Si votre bébé prend son biberon tranquillement, sans s'arrêter de boire, pourquoi vouloir rompre le rythme de sa tétée en lui imposant une pause en cours de route ? Ce n'est vraiment pas utile. En revanche, s'il manifeste une gêne, s'il s'agite, tourne la tête en repoussant la tétine, un petit arrêt peut être nécessaire pour lui laisser le temps d'expulser l'air. Surtout si votre bébé est vorace et boit les premières gorgées de son biberon à toute allure. Dans ce cas, profitez de cette petite pause pour babiller ensemble, être en contact étroit par le regard et la parole, dans une ambiance calme et détendue. En se répétant au gré des tétées, ces instants constitueront des rendez-vous complices importants pour votre tout-petit.

Quel délai s'écoule-t-il entre la fin de la tétée et la survenue du rot ?

Cela varie d'un jour à l'autre et d'un enfant à l'autre. Mais, en moyenne, l'éructation se produit dans les 10 à 20 minutes qui suivent la fin de la tétée. Parfois on doit patienter jusqu'à une demi-heure, mais c'est heureusement beaucoup plus rare.

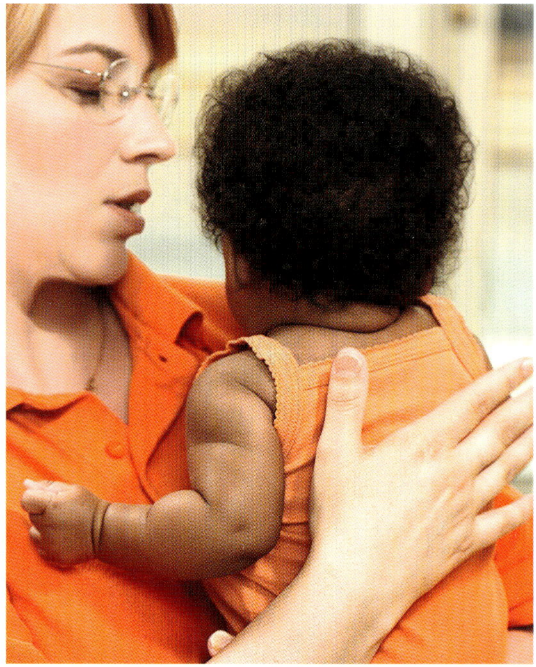

Y a-t-il un moyen de déclencher un rot qui ne semble pas vouloir venir ?

Aucune formule magique ne peut faire venir le rot mais, souvent, le simple fait de changer l'enfant de position peut être immédiatement efficace. Le mieux est alors de le placer face à soi, bien droit, assis sur votre avant-bras ou vos genoux, afin que son estomac ne soit pas bloqué et dégager ainsi la voie de l'air emprisonné. Le temps de lui chanter une petite comptine suffit généralement !

Y a-t-il une position idéale pour faire venir le rot de bébé ?

Pas spécialement. Mais veillez surtout que votre nourrisson ne se recroqueville pas sur lui-même pendant qu'il tête. Prenez donc toujours soin de maintenir son buste en position bien droite, bien assis sur votre avant-bras ou vos genoux, pour éviter la pliure de l'estomac.

Son rot s'accompagne parfois du rejet d'un peu de lait. Dois-je m'inquiéter ?

Non, *a priori*. De nombreux bébés rejettent quelques gorgées de lait en fin de tétée. Il n'y a là rien d'inquiétant si ces rejets ne se font pas en jets violents et répétés sur plusieurs tétées, si votre bébé continue d'être par ailleurs en pleine forme, et prend du poids régulièrement. En fait, il s'agit d'un « trop-plein » de l'estomac qui est évacué lorsque l'enfant change de position dès la fin de la prise du biberon. Mais si ces régurgitations sont abondantes, s'apparentent à des vomissements ou semblent douloureuses, mieux vaut consulter auprès de votre pédiatre.

Est-ce grave si son rot ne vient pas du tout ?

L'absence de rot peut signifier que votre bébé n'a tout simplement pas avalé un volume d'air suffisant pour le déclencher. À moins qu'il ait eu lieu en douceur, sans que la « remontée » de l'air ne se soit entendue. De toute façon, si votre bébé ne fait pas de rot mais qu'il est calme et ne montre aucun mal-être, vous pouvez être tout à fait rassuré.

Puis-je recoucher bébé immédiatement sans qu'il ait fait son rot ?

Pourquoi pas, si le nourrisson, en bonne santé, semble bien détendu et rassasié. Il n'a pas dû avaler assez d'air pour provoquer son renvoi. Cependant s'il se tortille ou pleure et donne l'impression d'être gêné, il est préférable de le garder encore un moment dans les bras, en le changeant de position régulièrement pour déclencher le rot.

Que faire la nuit ?

Durant la nuit, le rot n'est ni plus ni moins obligatoire que le jour, votre repère ne devant pas être le temps mais le caractère et le comportement naturel de votre bébé. Toutefois, pour éviter qu'il ne se tortille de gêne ou pleure au moment de dormir, peut-être pouvez-vous proposer une pause plus systématique au milieu du biberon de nuit ? S'il n'a plus très faim, le sommeil l'emportera alors rapidement.

Dois-je le secouer pour qu'il fasse son rot ?

Si tapoter le dos de bébé peut lui permettre de se libérer du rot plus vite, le geste doit toujours rester très léger, sous peine de lui faire régurgiter une grande partie de son repas. Préférez un doux mouvement régulier et apaisant de bas en haut, l'enfant placé sur vos genoux par exemple. De plus, il est conseillé de ne strictement jamais secouer un bébé, car cela peut avoir de graves conséquences neurologiques.

Le point sur… le Bisphénol A

Déjà interdits au Canada et aux États-Unis, les biberons qui contiennent du Bisphénol A sont en sursis en France. Une proposition de loi enregistrée fin juillet 2009 demande que soient interdites « la fabrication, l'importation, l'offre, la détention en vue de la vente de plastiques alimentaires contenant du Bisphénol A ».

Le Bisphénol A (BPA) est une substance chimique qui entre dans la composition du plastique polycarbonate pour le durcir et le rendre parfaitement transparent. Traditionnellement, les biberons en plastique étaient pour la plupart fabriqués dans cette matière. Mais plusieurs études scientifiques suspectent le BPA d'être un perturbateur endocrinien et d'avoir des effets néfastes sur le développement des systèmes reproductif, neurologique et immunitaire des nouveau-nés. En effet, il semble migrer dans l'eau ou le lait du biberon lorsque celui-ci est chauffé au micro-ondes.

Le Réseau Environnement Santé demande aux pouvoirs publics français d'interdire son usage. L'étude réalisée en février 2009 par le CRIIGEN annonce : « Il paraît dangereux aujourd'hui pour la santé humaine de continuer à utiliser le BPA. (…) L'exposition des nourrissons et enfants au BPA devrait être réduite au plus vite ». Résultat, de plus en plus de municipalités suppriment les biberons qui contiennent du BPA dans leurs crèches. Mais l'Afssa estime que les doses ingérées sont trop faibles pour être toxiques, même lorsque le biberon est chauffé au micro-ondes.

Côté pratique, des précautions s'imposent. Évitez de chauffer le biberon au micro-ondes. Pour savoir si le biberon que vous utilisez contient du BPA, retournez-le et lisez les mentions inscrites au fond. S'il comporte du BPA, le code de recyclage marqué dans un triangle porte les chiffres 7, 3 ou 6. Voire l'abréviation PC pour polycarbonate. Préférez des biberons en polyéthylène (PET, chiffre 1), polypropylène (chiffre 5). Dans le doute, préférez le verre !

Toilette

Les soins quotidiens au bébé vont se répéter durant plusieurs années. Certains sont agréables, d'autres plus contraignants et redoutés des jeunes parents. Mais tous sont l'occasion rêvée de babiller avec le nourrisson. Une fois en confiance côté technique, vous en ferez un rendez-vous attendu.

Lui donner le bain

Les premiers jours, les jeunes parents se sentent souvent un peu angoissés au moment de donner son bain au nouveau-né. Peur de le laisser tomber, qu'il prenne froid, qu'il n'apprécie pas l'eau… Mieux vaut donc le savonner en toute sécurité sur la table à langer et le plonger dans l'eau seulement pour le rincer. Et si au début le bain ne dure que quelques minutes, très vite, l'heure du bain deviendra un vrai instant de détente, pour tous les deux. Question d'entraînement !

Une séance rapide

Au début, le bain ne dure que quelques minutes, juste le temps de laver et de rincer le nouveau-né. En effet, il se refroidit et se fatigue très vite et n'apprécie pas forcément de se retrouver tout nu.
Au fil des semaines, vous pourrez progressivement en allonger la durée s'il l'apprécie.

LE MATÉRIEL indispensable

POUR LE LAVER

- Une table à langer recouverte d'une serviette-éponge
- Du savon liquide ou un gel deux en un corps-cheveux doux spécial bébé
- Une bassine en plastique remplie d'eau si vous êtes loin du point d'eau

POUR LE RINCER

- Une baignoire ergonomique ou une baignoire simple avec un transat de bain
- Un thermomètre de bain pour mesurer la température de l'eau et de la pièce

POUR LE SÉCHER

- Un drap de bain ou une cape de bain en éponge

POUR LE FAIRE BEAU

- Un brosse à cheveux et un peigne

A LOVE
RESULT

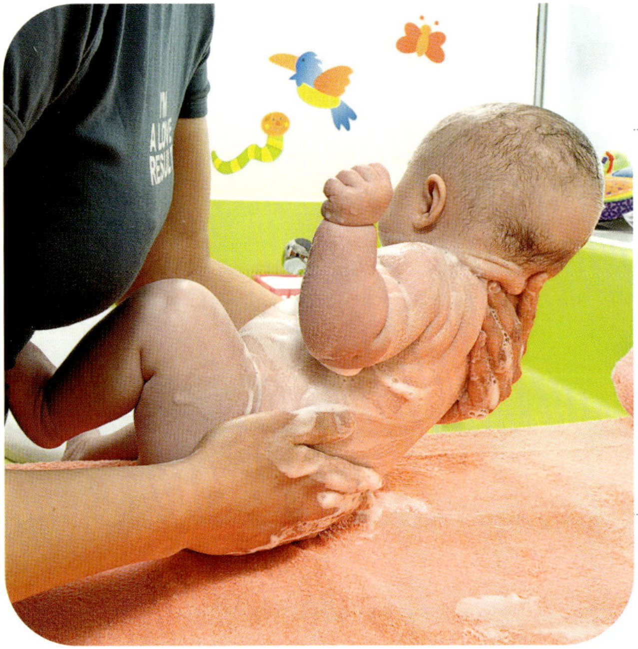

Pour savonner

L'idéal : savonner soigneusement le bébé avant de le mettre dans son bain. Pour que le savon mousse, on mouille le bébé et nos mains. Et, pour le dos, on le relève ou on le roule doucement sur le côté en lui soutenant bien la nuque.

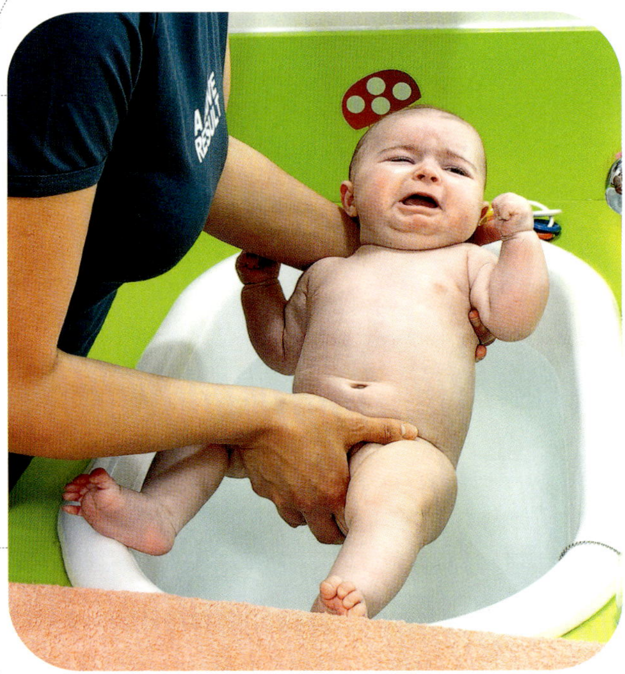

On plonge !

Pour le porter en sécurité au moment du rinçage, on place son épaule entre le pouce et l'index d'une main, les fesses maintenues dans l'autre main. On le fait entrer dans l'eau progressivement pour ne pas le surprendre. D'abord les pieds, ensuite le corps.

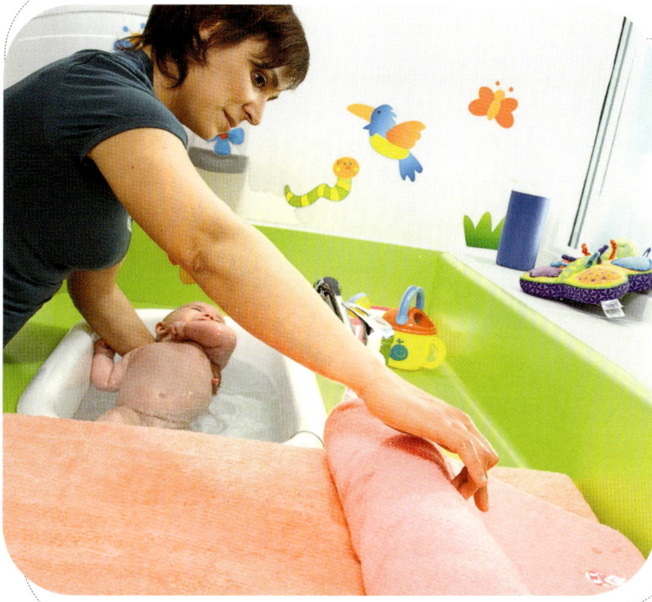

Sortie de l'eau

Une fois le bébé rincé, il n'est pas agréable ni très propre de le poser sur l'éponge sur laquelle on l'a savonné. Aussi, on commence les préparatifs en enroulant un drap de bain à la tête du plan à langer. Lorsqu'on sort le bébé de l'eau, on n'a plus qu'à dérouler le drap de bain, et l'en envelopper.

Sécher en douceur

On l'enveloppe tout de suite en sortant du bain pour le réchauffer et le rassurer. Séchez-le en tapotant doucement, sans frotter, sa peau fragile. Insistez dans les petits plis pour éviter les macérations.

Questions-Réponses

Quand lui donner son premier bain ?

Autrefois, on attendait que la plaie ombilicale soit totalement cicatrisée pour donner son premier bain au nouveau-né. Les pédiatres considèrent désormais que c'est une précaution inutile si l'eau dans laquelle on baigne bébé est propre ! Simplement, il faut ensuite sécher avec soin la zone de l'ombilic et désinfecter durant quelques jours après la chute du cordon.

Faut-il donner un bain chaque jour ?

C'est préférable pour être sûre de le préserver des microbes et des germes, même si vous réalisez une toilette scrupuleuse lors de chaque change. En outre, les nourrissons transpirent beaucoup et se souillent fréquemment du fait des petites régurgitations. Et au-delà de son aspect hygiénique, le bain constitue un vrai moment de contact, de partage et de détente privilégié qui vous permet de vous retrouver en un tête-à-tête complice dont il serait dommage de vous priver. Mais n'en faites pas une obsession : il ne s'agit plus de « récurer » les bébés comme on l'exigeait aux siècles passés ! Si, un jour, vous ne pouvez le lui donner, il peut attendre sans risque le lendemain. Et s'il vous semble qu'il n'apprécie pas trop ce moment de toilette, ne le prolongez pas inutilement. Enfin, les bébés ont la peau naturellement très fragile. Aussi, si l'eau de votre ville est très calcaire ou que vous constatez des rougeurs sur son corps, inutile de le mettre en contact trop fréquemment avec l'eau. Espacez le bain... à condition de toujours lui assurer une hygiène parfaite par ailleurs.

Puis-je le baigner plusieurs fois par jour ?

Oui, pourquoi pas, s'il s'est sali, s'il est énervé et apprécie habituellement ce moment ou s'il fait vraiment très chaud et que votre bébé a l'air d'en souffrir, en cas de canicule par exemple. Mais, là encore, observez bien sa peau : si elle semble réagir au contact de l'eau, évitez.

Y a-t-il un moment privilégié de la journée pour lui donner son bain ?

Matin ou soir, il n'y a pas de règle. Choisissez un moment où votre bébé est parfaitement calme, où vous êtes disponibles tous les deux, où l'un et l'autre pouvez vraiment y prendre plaisir. En effet, le bain n'est pas seulement un acte d'hygiène mais aussi l'occasion d'échanges privilégiés entre vous et votre nouveau-né. Optez pour le matin si votre enfant est en pleine forme entre deux tétées. En revanche, s'il est fatigué, énervé en fin de journée, le bain l'aidera doucement à s'apaiser pour mieux aborder la nuit. Cela peut permettre également au papa d'être présent s'il a déjà repris son travail. Dans tous les cas, essayez d'instaurer une régularité pour que votre tout-petit acquière peu à peu des repères dans le déroulé de sa journée.

Avant ou après le repas ?

Tout dépend de l'humeur de votre bébé, de sa faim et de votre propre disponibilité. Mais préférez tout de même le baigner avant son repas, à condition qu'il ne le réclame à corps et à cris ! En effet, le bain nécessite toute une série de manipulations (déshabillage, change, savonnage...) qui sont peu conseillées lorsque bébé a l'estomac plein, en cours de digestion. De plus, l'après-repas est un moment propice pour que les selles surviennent, ce qui perturberait encore le bain...

J'ai peur que mon bébé ait froid. À quelle température faut-il chauffer la salle de bains lors de ses soins ?

La température idéale de la pièce doit être de 22 °C. Et pour être sûr qu'il n'ait pas froid dans le bain ou à la sortie du bain, séchez-lui vite la tête !

Quelle durée pour ses premiers bains ?

Un nouveau-né se refroidit très vite. En effet, son système de thermorégulation n'étant pas encore mature, la température de son corps a tendance à varier en fonction de celle de la pièce. Aussi, les premières semaines, le bain ne doit durer que le temps nécessaire pour le rincer. Une fois débarrassé de toute trace de savon, sortez-le sans attendre, enveloppé dans une serviette-éponge. Mais s'il semble apprécier le bain, vous pouvez le prolonger un peu. Et lorsqu'il aura un mois, vous pourrez le laisser barboter encore davantage en surveillant régulièrement la température de l'eau.

Puis-je baigner mon bébé enrhumé ?

Oui, au contraire. S'il a eu un peu de fièvre, il risque d'avoir transpiré davantage que d'habitude, notamment de la tête, et le bain s'impose. Il est bénéfique aussi pour le détendre et humidifier ses voies respiratoires. Prenez juste certaines précautions : surveillez bien que l'eau soit à 37 °C, pas en dessous, chauffez bien la salle de bains, et évitez-lui tout courant d'air.

La peau fragile d'un nouveau-né ne craint-elle pas l'eau très calcaire ?

Si, bien sûr, une eau calcaire agresse la peau très fine du nouveau-né. La solution : l'hydrater après le bain avec une crème spéciale nourrisson ou de l'huile d'olive, que vous choisirez la moins odorante possible. En revanche, vous éviterez l'huile d'amande douce s'il existe des cas d'allergie à l'arachide dans votre famille.

À quelle température doit être l'eau du bain de mon bébé lorsque je le mouille ?

37 °C, c'est parfait. La tester avec votre main ou votre coude ne suffit pas et peut se révéler trompeur. Utilisez donc un thermomètre de bain (vous vous en servirez aussi pour vérifier la température de la pièce avant de le tremper dans l'eau).

J'ai peur de laisser échapper mon bébé lorsqu'il est plein de savon.

L'idéal pour ne pas paniquer au cours des premières semaines est de savonner entièrement votre bébé sur la table à langer, de rincer soigneusement vos mains pour

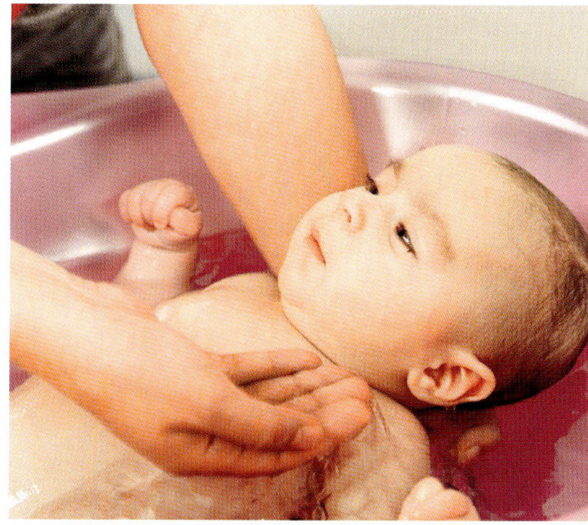

enlever l'excès de savon ou de mousse et seulement ensuite de plonger bébé dans la baignoire pour le rincer. Si vous craignez vraiment de le lâcher, enveloppez-le dans une serviette sèche pour faire le trajet (certes court !) de la table à langer à la baignoire.

Pourquoi pleure-t-il lorsque je le déshabille ?

En fait, le nouveau-né a instinctivement horreur d'être nu. Il se sent alors très vulnérable, sans protection, bref en totale insécurité, et vit désagréablement le changement entre le contact de son body tiède qui l'enveloppe

SÉCURITÉ ABSOLUE !

Si l'heure du bain est généralement synonyme de moment agréable, elle peut aussi rimer avec danger. En effet, brûlures et noyades y sont malheureusement fréquentes. Pour les éviter, respectez impérativement et toujours ces simples règles de prudence :

- **placez le nécessaire de toilette à proximité pour ne pas devoir lâcher votre tout-petit un seul instant lorsqu'il est allongé sur la table à langer... ;**
- **ne laissez jamais votre bébé sans surveillance et ne le lâchez pas un seul instant une fois dans son bain : il peut se noyer en deux ou trois minutes dans 10 cm d'eau, même si vous utilisez un transat ou un siège de bain ;**
- **ne répondez pas au téléphone ni à la porte en le laissant dans la salle de bains ;**
- **remplissez toujours la baignoire avant d'y mettre votre bébé ;**
- **si vous devez ajouter de l'eau, ou pour le rincer, ouvrez toujours le robinet d'eau froide avant celui de l'eau chaude. Et inversement, commencez systématiquement par fermer l'eau chaude avant l'eau froide ! Et, bien sûr, testez toujours l'eau qui coule.**

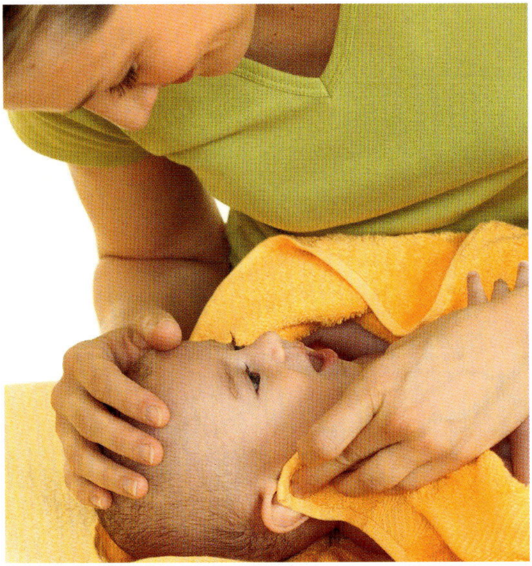

et l'extérieur. Ce n'est donc pas forcément le bain qui le dérange mais le fait que vous le déshabilliez. Il n'est d'ailleurs pas impossible que ses pleurs redoublent lorsque vous dénudez son torse. Rassurez-le en lui parlant doucement et en le regardant, procédez par gestes lents et ne vous inquiétez pas trop, cette réaction vive diminuera de jour en jour. Mais laissez-le tout nu juste le temps nécessaire, pas plus.

Parfois, il hurle quand je le plonge dans sa baignoire.

Plusieurs explications sont possibles. Lors du précédent bain, peut-être n'avez-vous pas remarqué un moment de désagrément dont votre bébé se souvient. Parmi les incidents qui l'auraient frappé, pensez aux situations suivantes : il a glissé et vous avez eu peur tous les deux ; de l'eau est entrée dans son nez ou ses oreilles. Ou encore, il est surpris par une eau trop froide. Dans tous les cas, respectez toujours le moindre signe de crainte, de mal-être dans le bain. Si vous insistez en croyant lui faire aimer l'eau, vous risquez au contraire d'entériner une situation qui n'était sûrement que provisoire.

Faut-il lui faire un shampooing chaque jour même s'il n'a que peu de cheveux ?

Oui, qu'il ait ou non des cheveux n'est pas le problème. Un nouveau-né transpire abondamment de la tête, il peut régurgiter et se salir le cou, derrière les oreilles. De plus, son cuir chevelu produit beaucoup de séborrhée qui, en séchant, forme ce que l'on appelle des croûtes de lait.

Quel produit utiliser, du savon ou du shampooing ?

Peu importe pourvu qu'il soit spécifiquement adapté au nourrisson. Très pratique, le savon ou le gel deux en un permet de laver le corps et les cheveux de bébé avec le même produit. Attention, une petite quantité suffit.

Vaut-il mieux laver bébé avec un gant ou à mains nues ?

Préférez à mains nues, et ce pour deux raisons. Vous êtes ainsi en contact étroit et doux avec votre bébé qui en a encore tant besoin. Et, côté hygiène, le gant favorise le développement des microbes lorsqu'il est mal rincé après usage ou s'il reste humide (et pire encore en boule au bord de la baignoire). Si vous tenez à utiliser un gant de toilette, alors changez-le à chaque bain.

J'ai peur de frotter ses cheveux au niveau de la fontanelle...

N'hésitez pas à la frotter comme le reste de la tête. En effet, la fontanelle ne risque rien. On devrait même plutôt dire « les fontanelles » puisque bébé en a une grande à l'avant du sommet de la tête mais aussi une petite, plus longue à se fermer, à l'arrière du crâne.

Est-il conseillé d'utiliser un sèche-cheveux ?

Pourquoi pas, si votre bébé a une épaisse chevelure. Dans ce cas, veillez à tenir l'appareil assez éloigné de sa tête et réglez-le sur la chaleur la plus douce afin de ne pas l'effrayer ni le brûler. Si votre tout-petit a peu de cheveux, il vous suffit de les essuyer avec son drap de bain.

Une baignoire spéciale bébé, est-ce utile ?

Les premiers jours, vous pouvez utiliser la vasque du lavabo remplie d'eau. Votre bébé sera ainsi à bonne hauteur pour épargner votre dos et ne risquera pas de vous glisser des mains. Dans les semaines suivantes, une baignoire bébé sera rassurante pour vous deux. En effet, bébé n'aime pas trop les grands espaces et risque de se sentir « perdu » dans la baignoire des adultes. Laquelle nécessiterait en outre beaucoup plus d'eau qu'une baignoire spécifiquement conçue pour lui.

Je ne sais pas quelle baignoire choisir…

Vous avez le choix selon l'aménagement de votre salle de bains, que vous ayez une baignoire adulte dans laquelle vous pourrez installer celle de bébé, ou un bac de douche. Il existe aussi des tables à langer équipées d'une baignoire en plastique. Le plus pratique consiste à choisir un modèle dit de forme ergonomique qui soutiendra le dos et les fesses de bébé, vous libérant ainsi une main.
À défaut, optez pour une baignoire à fond plat dans laquelle vous poserez un transat de tissu-éponge, un coussin flotteur ou un siège de bain incliné qui maintiendra votre tout-petit au niveau de la nuque, des épaules, du dos et des fesses. Mais attention, ces accessoires sont là pour vous aider dans vos mouvements, et en aucun cas vous ne pouvez compter sur leur présence pour relâcher votre vigilance. Petit détail important : choisissez une baignoire équipée d'une bonde de vidange pour éviter de devoir la soulever pour la vider.

À quel âge mon bébé va-t-il pouvoir utiliser un siège de bain ?

Médecins et puéricultrices le déconseillent souvent car il réduit le contact physique avec le petit et les parents sont tentés de laisser leur bébé tout seul dans le bain… Ce qu'il ne faut absolument jamais faire ! La Commission de sécurité des consommateurs alerte régulièrement sur les nombreux dangers de ces systèmes qui représentent une fausse sécurité et prône même leur interdiction. Mais, utilisé avec sérieux, l'anneau ou le siège de bain permet d'asseoir agréablement l'enfant capable de tenir assis tout seul sans difficulté, ce qu'il sait faire entre six et huit mois généralement. À cet âge, l'anneau le rassure et le maintient en douceur, lui évitant de basculer sur les côtés. Mais votre présence est, bien sûr, toujours indispensable.

Il me semble qu'un peignoir serait plus pratique qu'une serviette-éponge…

Pas les premiers mois, car bébé n'appréciera certainement pas de devoir passer les bras dans des manches, surtout avec sa peau humide qui ne « glisse pas » sur le textile. Et vous manquerez peut-être encore un peu d'aisance pour ajouter des gestes supplémentaires aux séances laborieuses d'habillage et de déshabillage. Attendez qu'il ait un an, voire un an et demi, et préférez alors un modèle avec capuche.

La cape de bain est-elle indispensable ?

Indispensable, non, mais ce drap de bain, aussi nommé pointe-éponge, doté d'un angle doublé de tissu-éponge faisant capuche, s'avère bien pratique et tout confort. Choisissez-le de grande taille pour envelopper entièrement votre petit baigneur.

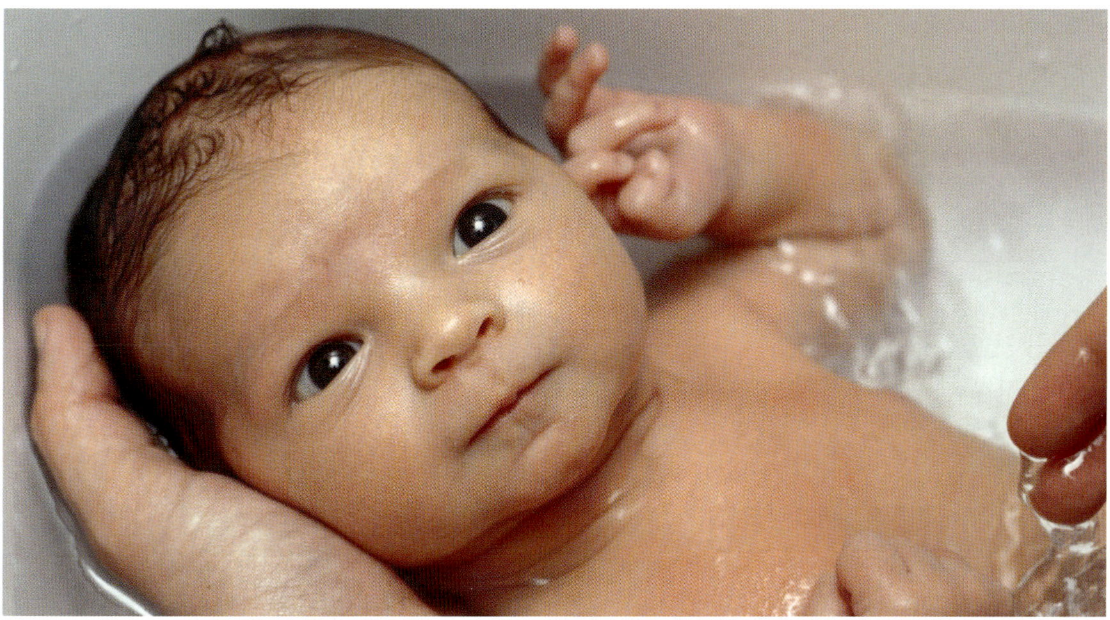

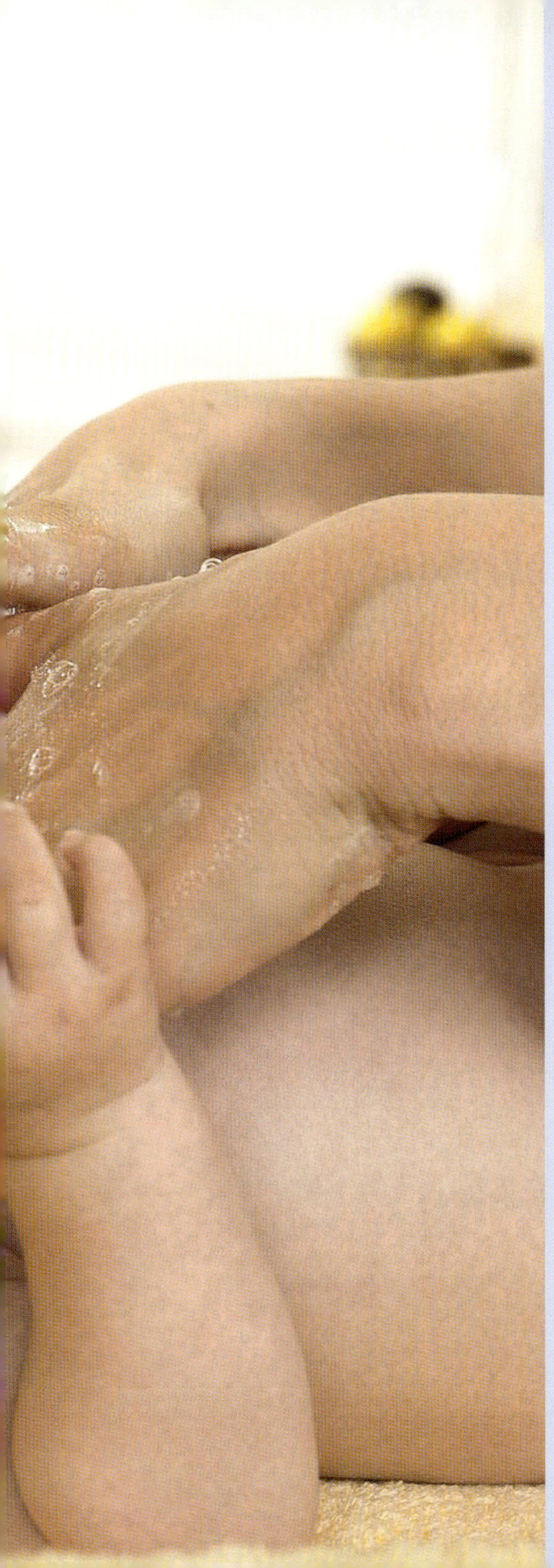

Le point sur… les produits bio

L'offre en matière de produits de toilette spécialement formulés pour les bébés, au pH neutre, hypoallergéniques et sans parfum augmente sans cesse. De nouvelles marques arrivent régulièrement sur le marché, en pharmacie comme en grande surface. Parallèlement, des études scientifiques alertent l'opinion sur le danger potentiel à long terme de l'usage régulier de produits contenant certains conservateurs. C'est le cas notamment des parabens, une classe de conservateurs dont certains sont suspectés d'avoir des effets nocifs sur le système hormonal – avec notamment des conséquences sur la fertilité masculine.

Les normes sont certes très sévères et autorisent l'emploi de ces parabens à dose très faible, réputée inoffensive pour l'organisme. Pourtant, par précaution et pour éviter l'effet « cocktail » (les composants des différents produits utilisés se cumulent…), vous pouvez opter pour des produits de toilette sans ces fameux conservateurs. Désormais, nombre de fabricants utilisent d'autres conservateurs. L'indication « sans paraben » est alors mentionnée en clair sur l'emballage.

Quant aux produits de toilette 100 % naturels ou bio, ils se développent également très vite dans les rayons bébés. Y compris en hyper-marché. Là, pas de paraben ni autre conservateur chimique. Mais, selon le cas, des végétaux spécifiques, des huiles essentielles ou de l'alcool en quantité minime mais suffisante pour que la formule ne se détériore pas avec le temps. Le mieux, au quotidien : respectez la durée de vie du produit après ouverture. Celle-ci est indiquée par le logo d'un petit pot ouvert surmonté d'un chiffre représentant le nombre de mois maximum de consommation ; préférez un flacon pas trop gros, avec souvent une pompe à pression conçue de telle façon que l'air n'entre pas et que l'extérieur (vos mains, le gant…) ne soit pas en contact avec la crème elle-même.

Faire la toilette de son visage

Lui nettoyer les yeux, les oreilles, le nez... voilà une séance que l'on redoute, car le bébé n'apprécie guère tous ces gestes ! Une bonne solution s'il s'agite trop : répartissez les soins au cours de la journée, lors des changes par exemple au lieu de les enchaîner au risque de l'agacer. Mais ne renoncez pas car ils sont nécessaires chaque jour, pour son hygiène comme son bien-être.

Des gestes doux

Poussières de la ville, traces de régurgitation, transpiration...
Le visage se nettoie à l'eau, sans savon, avec un simple coton.
Et des gestes doux mais bien assurés et rapides.

LE MATÉRIEL indispensable

- Du coton, soit en paquet, soit en disques ou en carrés prédécoupés, qui peluchent beaucoup moins
- De l'eau de source
- Des compresses stériles pour les yeux
- Du sérum physiologique, en dosettes uniques, plus pratiques et plus hygiéniques qu'un grand flacon
- Un mouche-bébé
- De la crème hydratante pour nourrisson
- Une brosse lavable à poils très doux
- Un peigne à dents arrondies à leur extrémité

Pour les yeux

On va toujours de l'intérieur (près du nez) vers l'extérieur (les tempes) pour ne pas ramener de microbes dans l'œil. Et l'on change de coton lors de chaque passage, et pour chaque œil.

Au tour des oreilles

Jamais de Coton-Tige, même « spécial bébé », qui risque d'enfoncer le cérumen. Passez simplement un petit bout de coton dans les méandres du pavillon, en évitant le conduit lui-même. Sans oublier, bien sûr, l'arrière de l'oreille.

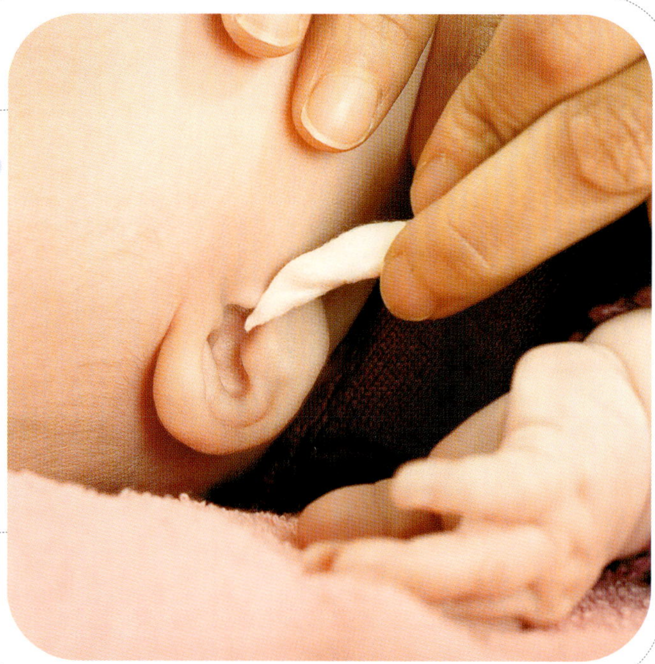

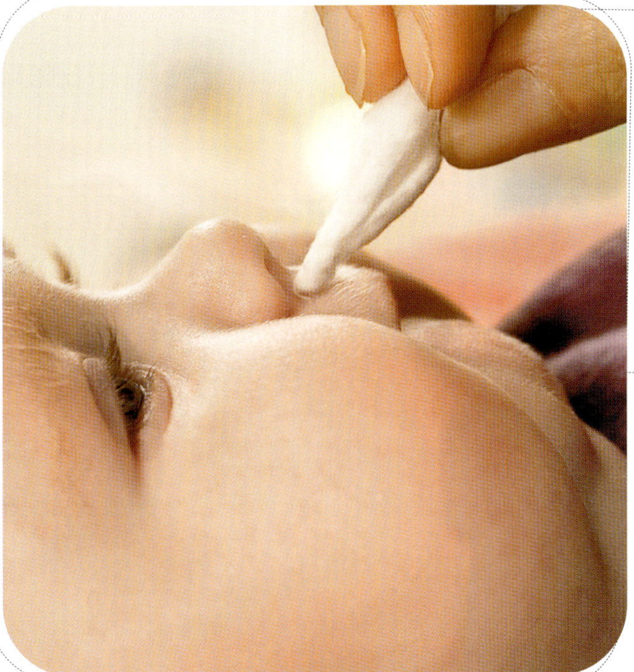

Le nez au besoin

Pas systématiques, les soins du nez ne se font que si des mucosités apparaissent au bord des narines ou si le nez coule. Tournez délicatement le coton roulé en mouchette et imbibé de sérum physiologique pour accrocher les petites saletés.

Le geste technique

Lorsque le nez du bébé est très encombré, il peut être nécessaire d'utiliser un mouche-bébé. L'aspiration doit être très douce et progressive pour ne pas provoquer d'appel d'air. L'appareil se pose au bord de la narine et non à l'intérieur.

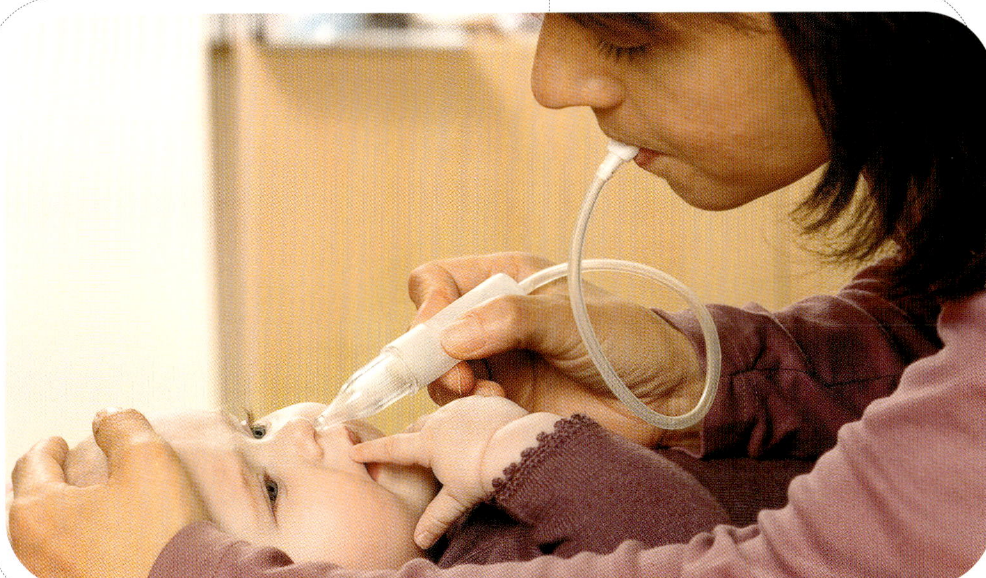

Questions-Réponses

Où s'installer pour la toilette de bébé ?

Sans hésitation, c'est en plaçant votre bébé sur la table à langer que vous serez le plus à l'aise pour réaliser la toilette de son visage. Simplement, soyez très vigilante car la table (ou le plan) à langer est responsable tous les jours d'un grand nombre d'accidents.
Pour éviter tout risque de chute, ne laissez pas votre nourrisson sans surveillance même un bref instant, gardez toujours une main sur lui et prenez le temps de réunir tout le nécessaire de toilette avant de commencer, afin de ne pas devoir vous absenter une seule seconde de la table à langer.

Puis-je laver le visage de bébé en lui donnant son bain ?

Non... La surprise et la crainte de l'eau touchant son visage, sa bouche et ses yeux risqueraient de lui laisser un mauvais souvenir. En outre, l'eau sortant du robinet est souvent très calcaire, ce qui présente l'inconvénient de dessécher la peau de votre tout-petit. De plus, le nourrisson n'appréciant souvent que modérément d'être tout nu, inutile de prolonger trop longtemps les soins dévêtus. Sortez-le du bain et habillez-le rapidement ; vous aurez ensuite tout le loisir de vous occuper de son visage, sans qu'il risque de prendre froid sur la table à langer.

Y a-t-il un ordre précis à respecter pour laver bébé ?

Si vous comptez faire la toilette du visage complète dans la même séquence, essayez de respecter cette règle d'hygiène de base : on procède toujours du plus propre au plus sale...
Donc, joues, front en premier, menton et ailes du nez ensuite, et enfin nez et oreilles en dernier. Sans oublier les petits plis du cou.

Dois-je procéder à la toilette du nez, des oreilles et des yeux chaque jour ?

Il est inutile de faire du zèle car ces soins sont désagréables. En particulier, ne nettoyez le nez de votre bébé que si vous voyez des sécrétions dans ses narines, s'il est obstrué ou si bébé est enrhumé.

Puis-je utiliser du coton ?

Oui et non, cela dépend du coton ! Oui, si vous l'humectez avec de l'eau (de source) car il ne « peluchera » pas tout en conservant une grande souplesse. Il existe des carrés de coton prédécoupés très pratiques, de bonne taille pour la toilette du visage. En tout cas, préférez le coton au gant, trop rêche.

Que penser du lait de toilette ?

On peut l'utiliser à la condition de bien le rincer pour ne pas boucher les pores de la peau de bébé.

L'eau du robinet convient-elle parfaitement pour laver son visage ?

Si elle est calcaire, « dure », elle risque de dessécher sa peau fragile. En cas de lésions, de rougeurs ou de sécheresse importante, mieux vaut utiliser de l'eau de source en bouteille. Ou même un brumisateur d'eau minérale, à condition que la buse diffuse ses gouttes d'eau très finement, pour ne pas surprendre désagréablement votre tout-petit.

Pourquoi ne peut-on pas se servir de Coton-Tige pour nettoyer les oreilles de bébé ?

À l'intérieur du conduit, vous risqueriez de pousser davantage le cérumen qui tout naturellement occupe le conduit, en provoquant alors la formation d'un vrai « bouchon ». Mais rien n'est plus pratique pour nettoyer le pavillon aux multiples méandres, où peuvent se cacher poussières et dépôts favorisant irritations et infections. Optez simplement pour un modèle « spécial bébé » en forme de poire. Et contentez-vous d'enlever l'excès de cérumen qui apparaît à la sortie du conduit auditif. Sans aller l'y chercher profondément. Toutefois, certaines puéricultrices en déconseillent l'usage même pour l'extérieur de l'oreille... afin de ne pas être du tout tenté d'atteindre le conduit.

Dois-je utiliser le mouche-bébé lors de chaque toilette alors que mon bébé déteste cela ?

Non. Un mouche-bébé ne s'utilise que si son nez est très encombré et non comme un mode de mouchage habituel, car bébé n'apprécie guère ce genre d'opérations. S'il est gêné pour respirer, vous devrez le dégager pour éviter que les mucosités n'atteignent l'arrière-gorge et les voies respiratoires, où elles risqueraient d'entraîner une infection. Vous procéderez alors avec une extrême douceur pour ne pas blesser la base des narines.

Quel modèle de mouche-bébé acheter ?

Vous avez le choix entre différents modèles. Certains permettent d'aspirer soi-même les mucosités (cela nécessite une habileté et de l'assurance... que vous n'avez peut-être pas les premiers jours) ; soit l'aspiration se fait en appuyant et en relâchant la « poire » de l'appareil. Un plus appréciable : la présence d'une valve « antiretour » des mucosités qui permet en outre de moucher les deux narines sans avoir à vider le récipient. Il existe aussi des modèles électriques. À utiliser après s'être assuré que la force d'aspiration n'est pas trop importante. Dans tous les cas, les embouts doivent être d'une taille bien adaptée à votre nourrisson. Et, lors de l'utilisation, ne les enfoncez pas trop loin sous peine de faire saigner le nez de votre tout-petit.

Puis-je utiliser des « mouchettes » confectionnées avec du coton ?

Oui, mais seulement lorsque le nez de votre bébé est encombré. L'autre solution consiste à instiller très lentement la moitié d'une dosette de sérum physiologique dans une narine, de tourner sa tête du côté opposé afin que le sérum fasse couler le maximum de sécrétions par l'autre narine. Si besoin, recommencez de la même manière l'opération avec l'autre narine.

Comment m'y prendre pour lui laver correctement les dents ?

Pour faciliter votre tâche, il existe désormais des petites brosses pour nourrissons dites « brosses à doigt ». Il s'agit d'un embout en silicone équipé de petits picots,

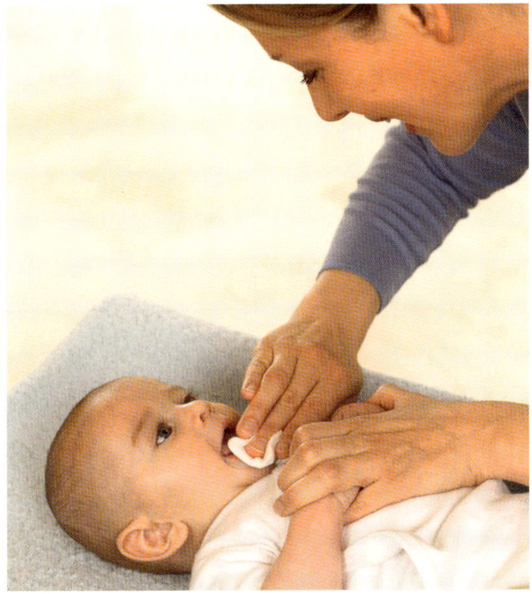

que vous ajusterez sur votre index pour à la fois soulager les gencives douloureuses et nettoyer les premières petites pointes qui émergent.

Faut-il utiliser du dentifrice ?

Surtout pas, les dentifrices même destinés aux jeunes enfants sont beaucoup trop forts pour les muqueuses de votre nouveau-né. De l'eau suffit largement, car ce qui compte dans un premier temps c'est de brosser les dents naissantes afin de ne pas laisser la plaque dentaire s'incruster sur l'émail. De plus, votre bébé ne sachant pas recracher naturellement, il avalerait le dentifrice... Ce qui ne présente pas vraiment de danger pour un enfant plus grand mais n'est pas conseillé pour un bébé !

DE LA CRÈME CHAQUE JOUR ?

Le visage du bébé est exposé tous les jours au vent, au froid, ou au contraire à la chaleur ou à la sécheresse de l'air ambiant. Sa peau très fragile peut alors s'irriter et devenir sèche. Dans ce cas, une crème spécifiquement formulée pour les bébés genre « cold cream » peut la soulager en l'hydratant. À condition de la choisir sans parfum, végétale, et composée avec le minimum d'ingrédients afin d'éviter le plus possible tout risque d'allergie. Sinon, en l'absence de problème de peau, l'usage d'une crème au quotidien ne s'impose pas forcément. Pédiatres et puéricultrices ont aujourd'hui tendance à estimer que moins on applique de produit sur la peau des bébés mieux cela vaut.

Mon bébé a peu de cheveux. Dois-je acheter une brosse et un peigne ?

C'est préférable, oui. Même si bébé n'a pas encore une chevelure abondante, le peigne vous permettra de décoller les croûtes de lait et de peigner correctement quelques petits cheveux rebelles. La brosse douce discipline la mèche frontale et les petites boucles dans le cou et donne un point final à la séance de la toilette, pour terminer en beauté. Bébé, comme ses parents, y est sensible et s'habitue très vite à ce repère : coup de brosse égale bientôt un petit bisou accompagné de la devise « tout beau, tout propre ! »

L'œil de mon bébé larmoie, est-ce grave ?

Non, ce n'est pas très grave et se résorbe le plus souvent en quelques mois. Il arrive que les canaux lacrymaux des nouveau-nés soient bouchés, empêchant les larmes d'être réabsorbées par le canal lacrymal. L'œil est alors noyé de larmes, coule, souvent avec des sécrétions plus ou moins opaques, qui finissent par l'infecter. Si, après cinq mois, le canal n'est pas débouché, consultez. Pour que le canal retrouve sa perméabilité, on conseille de procéder souvent à des massages doux à l'angle interne de l'œil en utilisant la partie charnue de votre petit doigt (un vrai coussin !), en ayant pris soin de vous être lavé les mains au préalable. Profitez pour cela du moment de la toilette, et terminez les soins en lavant les yeux de votre bébé au moyen d'un sérum physiologique isotonique aux larmes (pH neutre) afin d'ôter le surplus de sécrétion. Il peut également être nécessaire d'instiller un collyre antibiotique en cas d'infection sérieuse. Votre médecin en jugera.

Changer son bébé

Ce soin va rythmer votre quotidien durant près de trois ans. Pas question de le faire mécaniquement et à la va-vite pour autant. Au contraire, le change est, au-delà des gestes précis, un moment d'échange très important. Et rien de plus facile que de gazouiller et babiller de concert puisque vous vous faites face, lui bien installé sur la table à langer, bonne hauteur pour votre dos.

Une hygiène impeccable

Le moment des soins du siège est l'occasion régulière pour la maman et le bébé de se retrouver, tranquillement, en tête à tête. Profitez-en pour communiquer, pour babiller, pour parler, tout en lui expliquant ce que vous faites. Ces soins doivent être aussi fréquents que la couche est souillée.

LE MATÉRIEL indispensable

- Une table à langer toujours recouverte d'une serviette de toilette
- Une seconde serviette de toilette
- Un gant de toilette
- Du savon surgras ou liquide
- De l'eau (une bassine remplie si l'on n'est pas à proximité du lavabo)
- Une couche jetable ou lavable
- Des lingettes de toilette

AU BESOIN EN CAS D'ÉRYTHÈME

- Du coton ou des compresses stériles
- Une pommade « pâte à l'eau »
- Une crème à base de zinc
- Un désinfectant de la peau type Diaseptyl ou Chlorhexidine

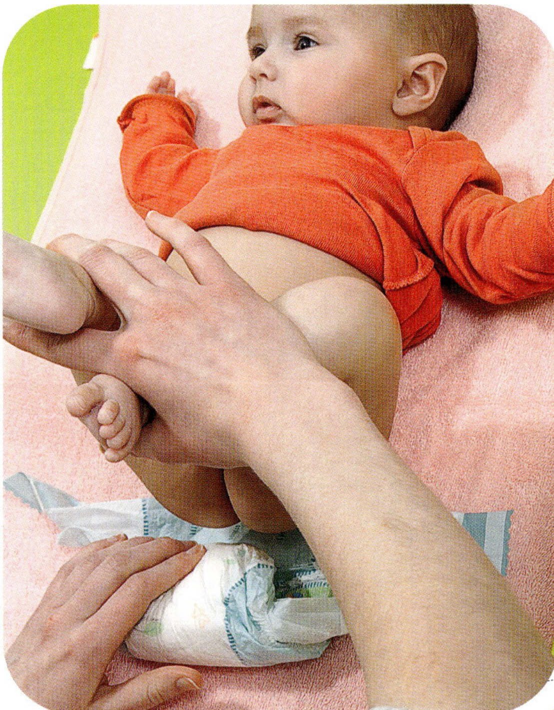

Rouler la couche

Si la couche ne contient que des urines, on l'ôte simplement. En cas de selles, on se sert d'un coin propre du change pour ôter le plus gros, puis on la roule sur elle-même en refermant bien les adhésifs.

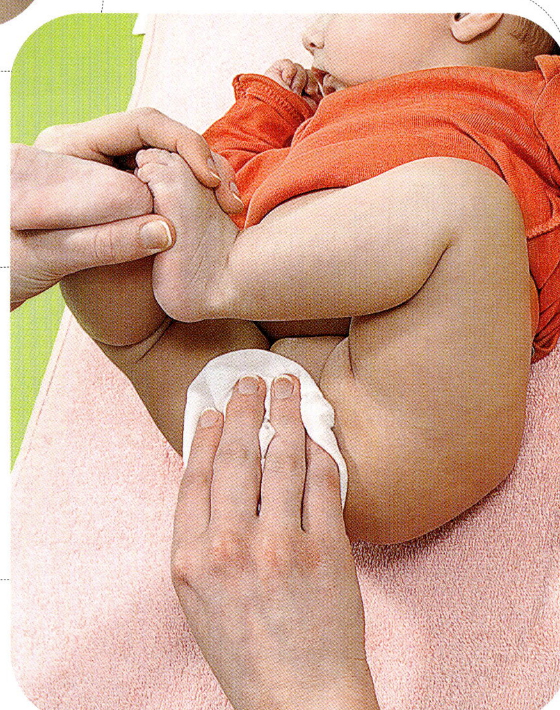

Nettoyer et sécher

On va toujours du plus propre (le bas du ventre) au plus sale pour ne pas transporter de germes. Sans revenir en arrière ni utiliser deux fois la même lingette (ou coton) au même endroit.

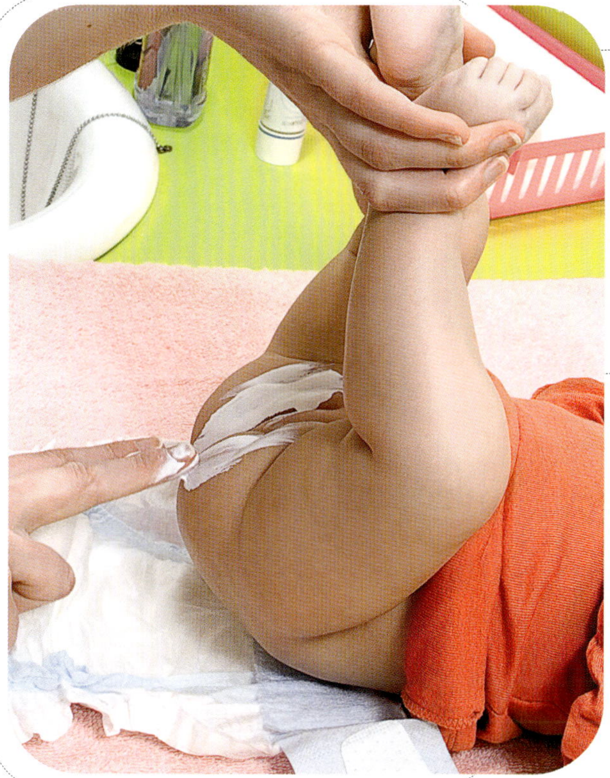

Appliquer la crème

Si la peau de votre bébé est rouge, irritée, on applique sans attendre une bonne épaisseur de crème « pâte à l'eau », agréablement isolante. En débordant toujours largement le contour des lésions.

À la bonne taille

Pour être sûre que la couche n'est ni trop serrée ni trop lâche, on l'applique bien centrée sur le ventre avant de fermer les scratches. On doit pouvoir passer un doigt entre le bord de la couche et la peau du bébé, dont le tour de taille peut varier jusqu'à 3 cm après le repas !

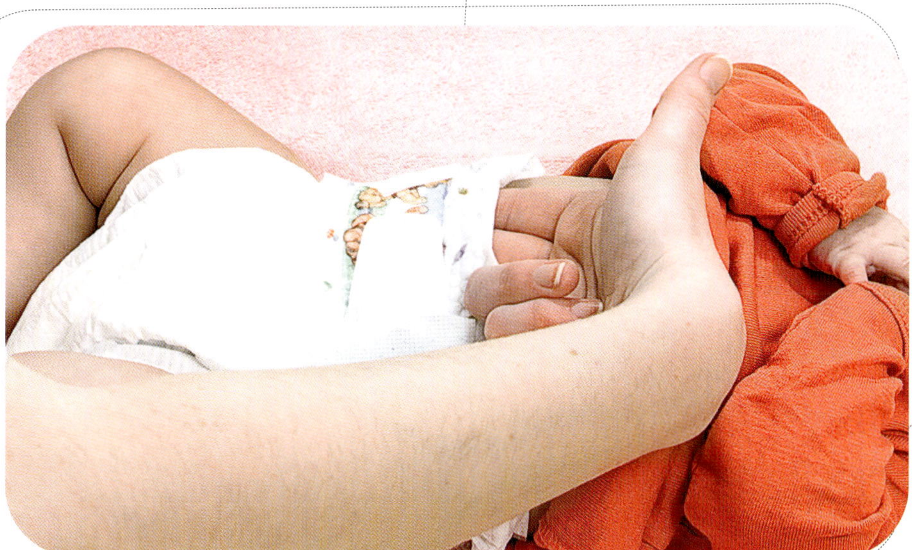

Questions-Réponses

Combien de fois par jour dois-je changer mon bébé ?

Aussi souvent que nécessaire, c'est-à-dire dès que sa couche est souillée, par l'urine ou par les selles, pour éviter que sa peau ne s'irrite !
Pour un nourrisson, cela correspond le plus souvent au moment des repas, soit environ toutes les trois heures. Même la nuit s'il en a besoin, c'est normal.

Avant ou après le repas ?

Avant le repas, le fait de changer votre bébé peut l'amener à se réveiller complètement de sa longue sieste. Il sera alors frais et dispos pour prendre la tétée ou le biberon que vous lui proposerez. Vous éviterez ainsi de le manipuler en tous sens l'estomac bien rempli, surtout les deux premières semaines pour certains bébés, car cela peut entraîner des régurgitations. Mais nombreux sont les bébés qui ont tendance à se salir pendant ou juste après la tétée. Aussi vous serez obligés de recommencer l'opération. En le changeant d'emblée après le repas, vous mettrez ainsi votre bébé au sec jusqu'à la tétée suivante.

Comment savoir si je dois le changer ?

Cela dépend beaucoup du caractère de votre enfant. Certains bébés ne supportent absolument pas que leur couche soit sale et se mettent à pleurer immédiatement, tandis que d'autres ne manifestent aucun signe d'impatience. En apprenant à connaître votre bébé au fil des jours, vous saurez très vite interpréter son attitude. Dans le premier cas, dès que sa couche sera sale, vous serez prévenue par ses pleurs insistants que vous saurez reconnaître. Dans le second, vous devrez être vigilante dans les minutes qui suivent son repas. C'est en général à ce moment-là que vous devrez le changer.

Dois-je le laver à chaque change ?

Oui, c'est indispensable, sinon gare aux rougeurs ! Ne vous contentez pas de nettoyer uniquement ses fesses souillées par les selles : lavez également son ventre, les plis de l'aine et son sexe pour éviter tout risque de macération. Attention, l'urine est certes moins visible mais tout autant « corrosive » que les selles pour la peau fine et très fragile de votre bébé.

Avec quel produit laver ses fesses ?

De l'eau et du savon surgras hypoallergénique que vous rincerez abondamment. N'oubliez pas ensuite de sécher ses fesses très rigoureusement pour, là encore, éviter irritation ou macération, en vérifiant bien la propreté des petits plis, des cuisses, de l'aine et du sexe. Puis lorsque vous mettez sa couche, assurez-vous qu'elle est correctement placée dans le pli de l'aine pour ne pas gêner votre bébé dans ses mouvements.

Puis-je utiliser des lingettes toutes prêtes ?

Oui, mais mieux vaut ne pas y avoir recours en permanence. En effet, elles vous coûteront plus cher que d'utiliser un gant (que vous changerez à chaque opération), de l'eau et du savon doux, spécial bébé. En revanche, elles s'avèrent très pratiques en déplacement, au square et en vacances. Veillez alors à ce qu'elles soient sans parfum et de pH neutre. Et cessez de vous en servir lorsque bébé a les fesses rouges. En fait, les puéricultrices n'ont jamais vraiment été favorables aux lingettes, réputées chères et pleines de produits chimiques. Elles ont fait de gros progrès ces dernières années et certaines sont maintenant adaptées à la peau fragile du nouveau-né. Voire étudiées pour des bébés à peau très très sensible (il faut que cela soit précisé sur le paquet). Les mamans en apprécient l'aspect pratique. Le problème vient désormais plutôt de leur impact sur l'environnement. Du coup, une nouvelle génération voit le jour… et pas seulement dans de rares boutiques ou sur Internet, mais aussi en grandes surfaces : les lingettes biodégradables !

Que penser des laits de toilette sans rinçage ?

Tout produit, même très sérieux, comporte un risque allergique non négligeable. Aussi, mieux vaut ne pas l'employer en continu, et avec précaution, si la peau du bébé le tolère parfaitement. Également, on doit suivre strictement les recommandations d'usage car certains nécessitent d'être rincés.

Dois-je décalotter le prépuce de mon petit garçon lorsque je le nettoie au moment du change ?

Ce sujet a fait l'objet d'un débat très controversé ces dernières années. On estime aujourd'hui qu'il est inutile et même douloureux, voire préjudiciable, de décalotter le prépuce du nourrisson.

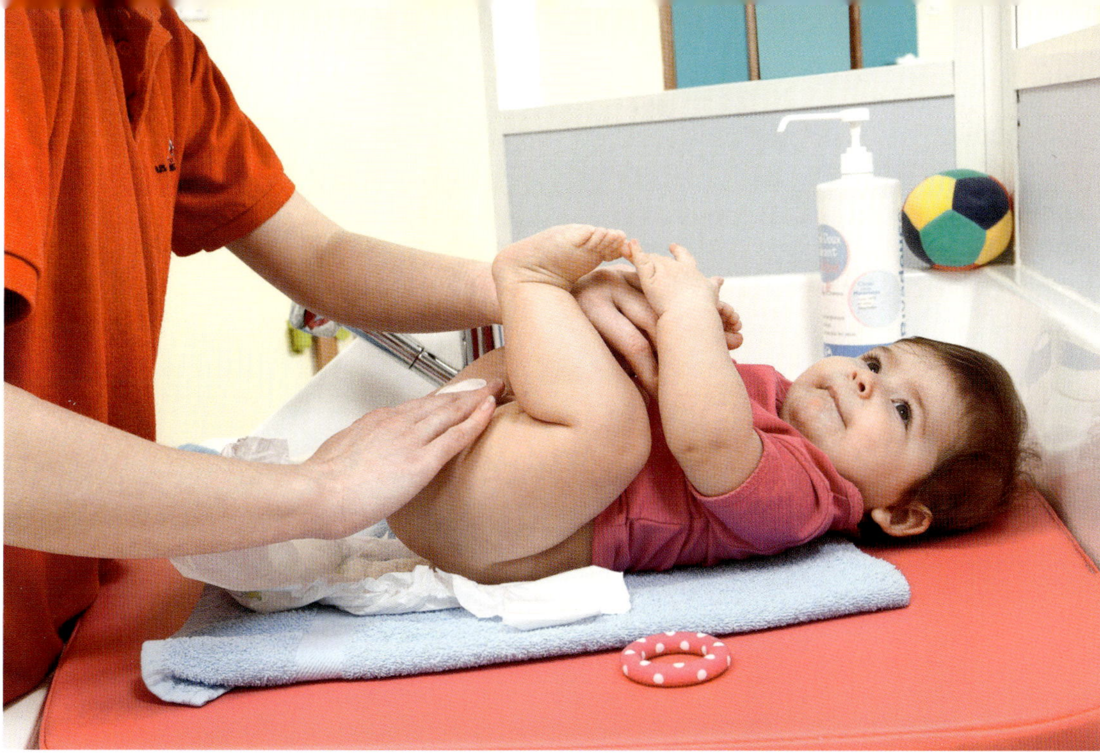

De quoi s'agit-il ? De faire glisser le prépuce en arrière, autrement dit de « tirer » la peau du prépuce pour dilater l'orifice afin de nettoyer le gland. Voilà un geste d'autant plus inutile que, très fréquemment, chez le tout-petit, le prépuce adhère au gland. Ces adhérences passent souvent naturellement au fil des mois et des années. Renoncez donc à la séance de décalottage intempestif qui peut « traumatiser » votre bébé. Et, en cas de doute, parlez-en à votre médecin.

Une table à langer est-elle vraiment nécessaire ?

Non, mais… Les premiers temps, une simple serviette-éponge étalée sur votre lit vous permettra de changer facilement bébé sans problème. Mais cette méthode risque de fatiguer bien vite votre dos. Aussi, dès que possible, équipez-vous d'une table à langer (ou d'une commode à langer) pour installer confortablement bébé à bonne hauteur et pouvoir le changer sans vous pencher. La bonne humeur de vous deux y gagnera !

Y a-t-il des modèles de table à langer plus sûrs que d'autres ?

Tous les modèles en vente doivent être conformes à des normes européennes strictes. Vérifiez tout de même l'absolue stabilité, et optez pour une table qui comporte de hauts rebords fixés sur les trois côtés du plan à langer. Enfin, choisissez toujours de préférence un modèle pourvu de compartiments faciles d'accès et de nombreux rangements, assez grands pour avoir sous la main tous les accessoires du change.

Comment choisir ses couches ?

Pour son bien-être, il est indispensable de lui procurer des modèles très confortables et sûrs (voir notre encadré). En effet, rien de pire que des fuites en pleine nuit ou lors de vos sorties ! Mais attention, le fait que les couches soient de plus en plus performantes et résistantes ne modifie en rien la nécessité de changer votre bébé au plus vite dès que sa couche est sale.

Comment éviter les « fuites » durant la nuit lorsque sa couche est mouillée ?

Certains manuels conseillent de superposer deux couches. Mais cette épaisseur supplémentaire risque d'entraver les mouvements de bébé. Il peut être plus astucieux de placer une alèse sur sa literie. En cas de fuite, vous n'aurez pas à changer les draps mais seulement l'alèse. Vous pouvez aussi disposer un drap de bain au milieu du lit, en le bordant largement.

Comment savoir si l'on serre trop ou pas assez la couche ?

C'est simple, il suffit de passer un doigt – mais attention à vos bagues ! – entre la peau du ventre de votre bébé et la couche au niveau de la taille pour s'assurer que la couche est correctement placée, ni trop ni pas assez serrée.

Combien de temps va-t-il porter des couches ?

L'âge d'acquisition de la propreté varie beaucoup d'un enfant à l'autre. En général elle se situe vers deux ans pour les premières tentatives de propreté diurne et prévoyez quelques mois de plus pour la propreté nocturne. Sachez qu'il n'est pas rare qu'un enfant ne soit pas (ou tout juste) propre au moment de son entrée à la maternelle, l'année de ses trois ans.

Qu'est-ce qu'un érythème fessier ?

L'érythème fessier est une affection de la peau très fréquente chez le tout-petit, due à l'irritation du siège par les urines et par les matières fécales. Vous le repérerez facilement car les fesses de votre bébé deviendront rouges et rugueuses. Sachez aussi qu'il existe deux formes d'érythème, celui des plis et celui des parties saillantes des fesses, jusqu'au sexe.

Comment éviter l'érythème fessier ?

Qu'il s'agisse d'un début de rougeur ou d'un véritable érythème fessier, les mêmes mesures s'imposent rapidement. En effet, respecter des règles d'hygiène strictes est primordial dans la chasse aux rougeurs, en prévention comme en traitement immédiat. Vous devrez toujours changer sa couche dès qu'elle est sale, bien laver, et sécher scrupuleusement ses fesses sans frotter avec la serviette. Appliquez un produit asséchant et, au besoin, de la crème protectrice et isolante pour faciliter la cicatrisation avant de lui mettre une nouvelle couche.

Est-ce bon de laisser les fesses de mon tout-petit à l'air le plus possible ?

Oui, si vous remarquez que ses fesses sont rouges. C'est la première mesure à prendre en cas d'érythème fessier. Cela évite en effet la macération des selles et de l'urine, toujours acide et irritante pour une peau fragile. Mais attention aussi que votre tout-petit ne « traîne » pas n'importe où fesses nues, au risque d'être

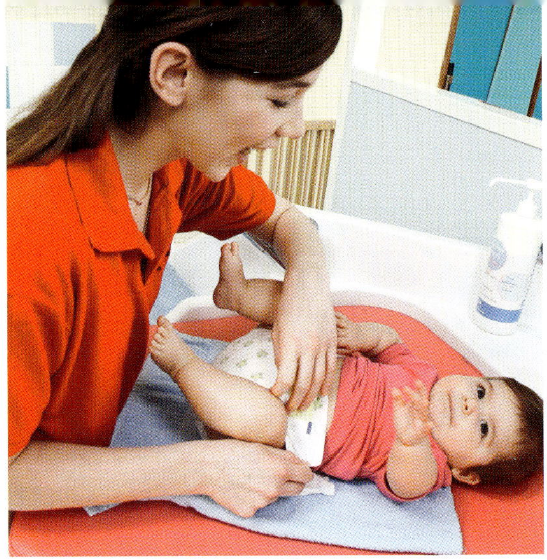

contaminé par des microbes ou des mycoses, notamment dans l'herbe, la terre ou le sable. Donc ne le laissez fesses nues qu'à la maison dans son lit, si vous ne craignez pas les accidents sur sa literie !

Comment choisir ses couches jetables ?

Il existe désormais des couches pour tous les âges, y compris les quelques jours qui suivent la naissance, où les selles de bébé (appelées méconium) sont très collantes et liquides. Et même pour les « poids plume ». En fait, pour vous repérer lors de l'achat, vous ne devez pas tenir compte de l'âge de votre enfant mais de son poids toujours proposé sur l'emballage. Évitez d'opter pour les modèles qui présentent une trop large fourchette de poids, ou de choisir des couches dont le poids minimal indiqué correspond à celui de votre bébé, il risquerait de « flotter » dedans, au détriment de son confort et de sa propreté. Votre bébé doit se situer dans la moyenne des poids mentionnés sur l'emballage. Notez aussi que les selles du nourrisson, tant qu'il est exclusivement nourri au lait, ont tendance à être plus liquides que celles des enfants plus grands. Durant ces quelques mois, les couches devront donc être vraiment absorbantes. Attention, le pouvoir d'absorption dépend souvent des marques. Pour trouver celle qui convient le mieux à votre bébé selon son poids, n'hésitez pas à tester une ou deux marques différentes.

Il a des selles toutes jaunes, est-ce normal ?

Oui. Les bébés nourris au lait maternel ont en général des selles dites « jaune paille », beaucoup plus jaunes que celles des bébés nourris au biberon. Et même parfois elles peuvent être vertes, c'est normal.

Le point sur... les couches lavables

Les jeunes parents sont de plus en plus sensibles aux problèmes écologiques. L'idée de polluer la planète avec des produits qui génèrent beaucoup de déchets non biodégradables (14 millions de tonnes par jour en France, soit 1 tonne par enfant de la naissance à la propreté) et utilisent des produits chimiques mis ensuite au contact de la peau de leur enfant, les soucient. Le marché des couches lavables est donc en plein boum.

Sur Internet mais aussi dans les magasins de puériculture grands publics, de plus en plus de marques se développent... sous l'impulsion des pays anglo-saxons, pionniers en la matière. Autre argument fort actuellement : le poids financier des couches jetables habituelles sur le budget bébé durant plusieurs années. À savoir : l'économie s'élève en gros à 60 % sur l'utilisation totale des changes (de la naissance à deux ans et demi). En effet, le coût des couches jetables sur toute la période se monte de 1 500 à 2 000 euros et l'économie réalisée avec les lavables représente 900 à 1 000 euros pour le premier enfant. Sans compter qu'elles sont utilisables à l'infini pour tous les frères et sœurs à venir !

Les couches lavables n'ont plus rien à voir avec les langes de nos (arrière-) grands-mères. Elles sont jolies, le plus souvent antifuites et douces sur la peau des bébés. Certaines sont en coton, d'autres en fibre de bambou (naturellement très absorbant) ou de chanvre. Elles sont aussi simples à manier au quotidien et de plus en plus de modèles supportent de passer au sèche-linge. Reste à assurer une hygiène impeccable pour ne pas favoriser le développement d'érythème fessier. En effet, on constate parfois que la maman devant laver les couches hésite davantage à changer son bébé aussi souvent qu'il le faudrait. D'où risque de recrudescence des érythèmes. Alors que les couches lavables elles-même, étant composées de fibres naturelles respirantes, limitent normalement la survenue des érythèmes.

Plusieurs systèmes sont en compétition, et chacun présente des avantages et des inconvénients. Le modèle « Tout en un » (TE1) est le plus proche de l'habituelle couche jetable, côté manipulations. Il s'agit d'une sorte de culotte qui, selon les modèles, dispose ou non (dans ce cas elle est dite « intégrale ») d'une poche où l'on intègre un ou plusieurs inserts. Autre principe, celui de la deux en un : la couche et la culotte qui la maintient sont séparées.

La partie absorbante est constituée généralement d'un rectangle en coton plié, sur lequel on pose un voile (biodégradable, on le jette dans les toilettes). Sur Internet où se sont développées des tas d'offres plus ou moins artisanales, on peut trouver d'autres systèmes intermédiaires.

Côté lavage, on a plusieurs solutions. Soit on utilise en plus de la lessive un produit antibactérien (bio !) adapté qui détruit les bactéries dès 40° C. Soit on les lave en machine à 90° C programme long, pour être sûr de voir disparaître les microbes (coriaces et néfastes côté gastro-entérites pour les tout-petits). Également, dans certaines villes, comme Strasbourg, Paris ou Rennes, le principe du pressing de couches lavables se met en place, avec ramassage à domicile. À suivre.

Mieux vaut les essayer dès la naissance. Question d'habitude pour lui, comme pour vous ! Ne vous équipez donc pas d'emblée d'un pack complet, coûteux à l'achat.

Privilégiez les « kits d'essais » proposés par de nombreuses marques. Il faut compter un temps d'apprentissage d'une dizaine de jours avant de trouver la bonne tactique et la bonne organisation.

Habiller son bébé

A priori, habiller son bébé ne semble pas difficile. Et, effectivement, ce ne l'est pas... une fois qu'on a pris le coup de main. Car presque tous les nourrissons détestent la séance d'habillage. Et jusqu'à ce qu'ils tiennent bien assis tout seuls, vers huit ou neuf mois, on doit les vêtir confortablement allongés sur la table à langer. Parfois plusieurs fois par jour. Alors, autant choisir de petits habits aussi jolis que pratiques et faciles à enfiler pour faire très vite !

Le déshabiller vite

Pas d'autre solution les premiers mois que de l'habiller totalement couché sur le plan à langer.
À partir du moment où il se tient bien assis tout seul, entre six et neuf mois, on peut le redresser et l'installer sur nos genoux.
C'est vraiment plus pratique.
Déshabillez-le en commençant par le bas, il aura moins froid.

LE MATÉRIEL indispensable pour une journée type

- Deux bodies une pièce
- Un dors-bien ou une barboteuse
- Une paire de chaussons
- Une paire de chaussettes chaudes ou une paire de collants de couleur claire s'il fait froid
- Un cardigan, un gilet ou une veste en laine
- Une combinaison pilote et un bonnet pour l'hiver

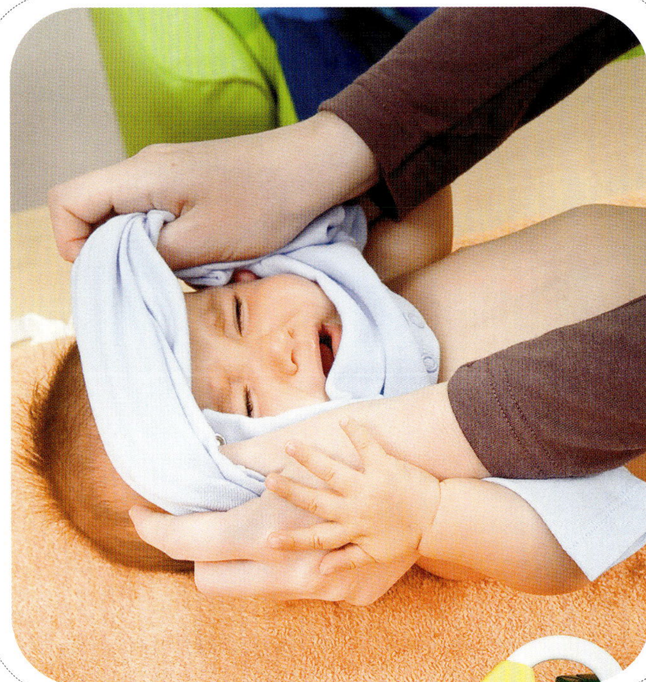

La tête d'abord

Il n'apprécie pas qu'on lui cache les yeux (ça fait un « trou noir » inquiétant) lorsqu'on passe le body ou le pull par la tête. On plie le vêtement totalement en accordéon, on l'étire et on lui présente vite l'encolure façon lucarne !

Passage des manches

On plisse la manche longue dans nos doigts, on passe sa main à l'intérieur et la nôtre, de l'autre côté du tunnel, vient à sa rencontre afin de l'extirper en douceur. Si ça coince, appuyez légèrement sur le coude pour qu'il le déplie. En général, ça marche.

Le soulever en douceur

Pour ajuster son habit dans le dos, il faut relever un peu le buste du bébé ou le faire pivoter sur le côté, votre main bien plaquée sur son dos. Pensez à toujours soutenir doucement sa tête.

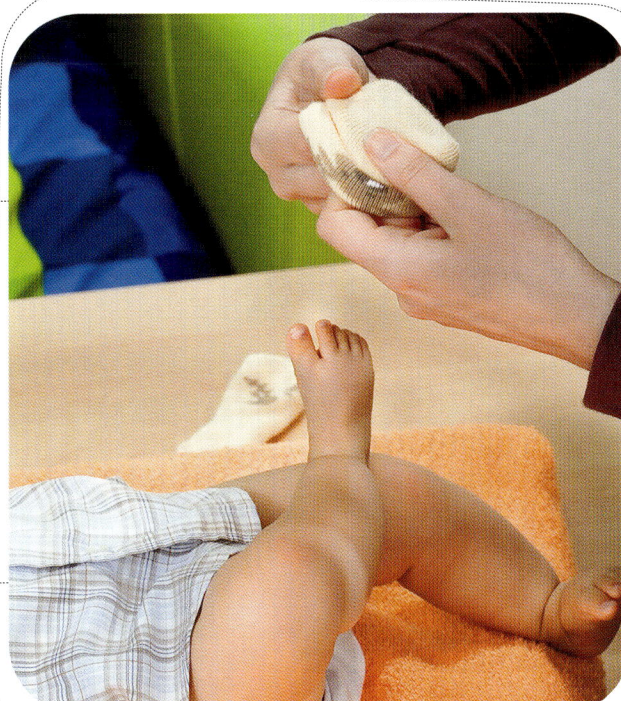

Rouler c'est gagné !

Pas facile d'enfiler ses chaussettes lorsque son bébé recroqueville ses pieds ! En fait, il suffit de froncer sa chaussette en accordéon pour former un « bonnet » dont on coiffe ses orteils et qu'on déroule vite jusqu'à sa cheville.

Questions-Réponses

Quelle forme de vêtement privilégier pour un nouveau-né ?

Tout vêtement de bébé doit s'ouvrir largement. Les premières semaines, préférez les vêtements qui ne se passent pas par la tête, à l'exemple des chemises dites « américaines » qui se croisent dans le dos et se nouent sur le ventre, ou des brassières qui se ferment par pressions sur le flanc. Il faut également privilégier la facilité de manipulation lors des changes. Optez donc au début pour un vêtement qui comporte des pressions sur les fesses et dans le dos. Et, plus tard, lorsque bébé aura grandi, pour des grenouillères ou des salopettes qui s'ouvrent par pressions à l'entrejambe. Ainsi, vous ne serez pas obligée de déshabiller entièrement votre tout-petit pour changer sa couche. Enfin, évitez des habits trop serrés par exemple avec des élastiques aux poignets et aux chevilles qui risquent de marquer sa peau.

Combien de dors-bien prévoir pour les premières semaines de bébé ?

Au total, il vous en faudra disposer d'au moins six, car vous devez compter avec les petits rejets de lait inévitables après le repas ainsi que les petites fuites éventuelles lors du change de votre enfant.

Quelle taille acheter avant la naissance ?

Un nouveau-né grandit vite, très vite ! Inutile donc d'acheter plus d'un ou deux dors-bien de taille naissance. En effet, si votre bébé est de petit poids, il le portera pendant un mois seulement, pas davantage. Et si c'est un gros bébé, de près de 3,8 kg, la taille naissance ne conviendra que quelques jours. Il lui faudra très vite passer à la taille un mois, voire trois mois. En outre, il vaut mieux prévoir un peu large car le vêtement peut rétrécir légèrement au lavage.

Et la nuit, que lui faire porter ?

Sans hésiter, un pyjama une pièce, avec pieds intégrés, qui évite le ventre à l'air et les plis de tissus inconfortables. Par-dessus, adoptez le système turbulette, également appelée gigoteuse. Il s'agit d'une sorte de sac de couchage dans lequel votre bébé sera bien maintenu au niveau du buste puisque le haut du sac comporte une encolure et des emmanchures. Selon la saison, choisissez de préférence un modèle en éponge légère pour l'été, molletonné ou à manches pour l'hiver.

Les chemisiers à col de dentelle semblent déconseillés, pourquoi ?

Parce qu'un nourrisson a la peau très fragile, autour du cou ou des poignets. Si la dentelle est un tant soit peu rêche ou amidonnée, elle risque d'irriter très vite cette zone. Mais pas de problème pour sa peau si la dentelle est lisse, souple et légère.

Y a-t-il des matières plus faciles d'entretien ?

Le coton est la matière très répandue (et souvent la moins coûteuse) la plus facile d'entretien pour un nourrisson. Il résiste bien aux lavages fréquents à 60 °C, peut être repassé à haute température et parfois même javellisé (s'il est blanc).

LAVER SES PETITS HABITS À PART

Si possible, lavez le linge de votre nouveau-né séparément du vôtre. En effet, on ne le fait plus bouillir comme du temps de nos arrière-grands-mères. Et, à 40 ° C, les microbes ne sont pas détruits. Sans compter qu'on ne repasse plus beaucoup, ce qui avait également une vertu désinfectante et stérilisante. Aussi, mieux vaut laisser votre bébé éloigné de germes dont peuvent être porteurs nos vêtements d'adultes, exposés à l'atmosphère extérieure (transports en commun, magasins, bancs...). Une mesure d'hygiène à conserver jusqu'à ce que l'enfant marche à quatre pattes et ait accès lui-même aux sols et à l'extérieur. Autre raison, la peau de bébé est très sensible et peut nécessiter l'utilisation d'une lessive beaucoup plus douce que celle dont vous vous servez pour vous-même.

CONSEILS DE SÉCURITÉ

Pas de cordon, ruban, épingle ni gros boutons, pas plus que de pompons décoratifs, chacun présentant un risque d'étouffement ou d'étranglement. Privilégiez systématiquement les bandes Velcro, en veillant à ce qu'elles ne touchent pas la peau (c'est rugueux !) de votre enfant ; elles sont sans danger pour un bébé qui tente de tout porter à la bouche.

Lors du lavage, puis-je ajouter un assouplissant ?

Les assouplissants sont-ils recommandés pour la douceur qu'ils apportent ou faut-il les éviter à cause d'allergie possible ? Les produits traditionnels risquent d'être trop forts pour la peau fragile du nourrisson. En revanche, il existe plusieurs gammes spécial bébé, dont certaines d'appellation « bio » qui peuvent être utiles lorsque l'eau de la ville est très dure. Dans le doute, n'ajoutez aucun produit qui ne soit pas indispensable à l'hygiène de votre bébé. Au moins durant ses tout premiers mois.

Il hurle dès que je le déshabille !

Instinctivement, le nouveau-né a horreur de la nudité. Hypersensible aux changements de température, il craint le moindre courant d'air sur les jambes, les bras et, pire encore, le ventre et le torse. Aussi ne prolongez pas les séances de déshabillage inutilement. Préparez ses vêtements et passez-lui bien vite son body : une fois cette première enveloppe de tissu posée sur lui, il se calmera et supportera mieux la séance d'habillage du bas. Une technique astucieuse peut aussi vous faciliter la vie : enfilez tous les vêtements les uns sur les autres, du plus fin (celui qui sera au contact de la peau de l'enfant) au plus épais (sa veste de sortie, par exemple), avant de les passer sur votre bébé. Autrement dit, placez les manches du body dans celles du chemisier puis dans celles du pull. Et voilà, un seul geste à faire pour que les trois vêtements soient enfilés. Vite et bien !

Que faire pour que mon bébé arrête de gigoter le temps que je ferme les boutons de ses vêtements ?

Évitez tout simplement les boutons ! Ou alors chantez, parlez-lui et faites vite ! Et préférez les pressions ou, mieux encore, les fixations de type Velcro. Elles sont toutes deux plus rapides et pratiques à fermer et à ouvrir qu'un bouton qu'il faut passer dans une boutonnière, et aussi moins dangereuses, surtout à l'âge où votre petit curieux porte tout à la bouche. Si bébé essaie de tirer sur le bouton et y parvient, il risque de l'avaler... de travers. Si vous possédez déjà des vêtements avec boutons, vérifiez régulièrement que ces derniers sont bien attachés au tissu. Sinon, recousez-les solidement sans tarder. Quant aux pressions, vérifiez également de temps à autre qu'elles sont bien serties et adhèrent parfaitement au tissu pour ne pas risquer de blesser votre tout-petit.

Comment « gérer » les grandes différences de température entre la maison et l'extérieur ?

C'est assez simple. Il suffit d'habiller bébé en superposant plusieurs épaisseurs, faciles à enlever ou à enfiler

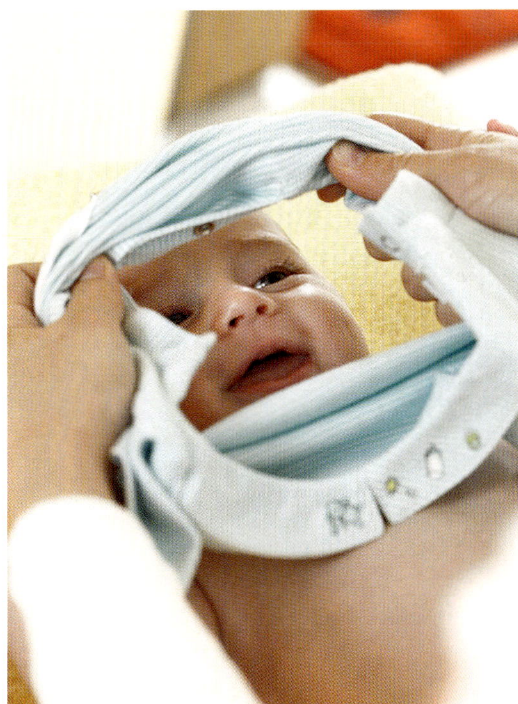

selon la température extérieure. Pour un tout-petit, l'idéal est le pilote qui le couvre de la tête aux pieds, sous lequel il pourra porter un simple habit d'intérieur. Mais pensez à l'ôter, ou au moins l'ouvrir largement dès que vous arrivez dans un lieu surchauffé !

Faut-il mettre un bonnet à un nouveau-né ?

C'est indispensable car les bébés se refroidissent beaucoup et très vite par la tête, sauf bien sûr si votre bébé naît en pleine canicule ! Un bonnet, même en coton léger, protégera efficacement votre bébé, surtout s'il est né prématuré ou de tout petit poids. Durant la saison froide, pensez aussi à bien protéger les oreilles de votre petit.

Mon bébé a-t-il besoin de chaussons ?

Il n'aura pas besoin de « vraies » chaussures avant de commencer à marcher. Vous avez donc le temps d'y penser. Pour l'instant, vous devez faire en sorte qu'il n'ait pas froid aux pieds. Lorsqu'il est à la maison, des chaussettes suffisent parfaitement à son confort. Pour les sorties, deux possibilités s'offrent à vous :

- choisissez un vêtement comportant des « pieds » intégrés (c'est le cas des pilotes, des grenouillères et autres combinaisons) ; s'il fait froid, vous ajouterez alors simplement une paire de chaussettes en dessous ;
- optez pour un vêtement classique, auquel cas vous achèterez des petits chaussons en tissu molletonné, souple et confortable, ou en cuir fin qui le protégeront du froid durant ses premiers mois.

L'été, est-il vrai que les couleurs claires sont préférables aux couleurs foncées ?

Oui. Les couleurs claires, et surtout le blanc, réfléchissent les rayons du soleil et « repoussent » la chaleur, tandis que les foncées absorbent les rayons.

Puis-je lui faire porter des couleurs foncées ?

En vêtement « de dessus », à vous d'en décider en fonction de vos goûts, de la mode et du teint de votre bébé. En revanche, pour les nourrissons à peau fragile, évitez les couleurs sombres pour les habits portés à même la peau, notamment les collants. En effet, les colorants généralement utilisés pour teindre le vêtement risquent de provoquer des allergies (rares, rassurez-vous) ou des réactions cutanées.

Le point sur...
le choix des matières

En vêtement « de dessus », vous avez le choix selon vos envies et vos goûts. Mais en ce qui concerne les vêtements en contact avec sa peau, bannissez absolument ceux qui risquent de provoquer inconfort, irritations, voire allergies :

- Préférez les fibres naturelles, comme le lin ou le coton et le velours-éponge, parfait, car ni trop épais ni trop fin, pour convenir à chaque saison à l'intérieur de la maison. La plupart des enseignes proposent actuellement des lignes de vêtements « bio », garanties sans traitement chimique ni métaux lourds ou colorants potentiellement toxiques.

- Évitez les matières qui donnent une sensation de froid sur la peau (satin, soie, tissus lisses et brillants), ainsi que les tissus trop chauds. Évitez de mettre la laine directement sur la peau : elle a beau être naturelle, elle a tendance à « gratter » les peaux sensibles. À proscrire, aussi, le contact direct avec les matières synthétiques et le polaire.

- De nouvelles matières se font jour. Intéressantes aussi bien pour leur aspect que pour leurs propriétés naturelles. C'est le cas des fibres de bambou, de plus en plus utilisées pour les petits habits au contact de la peau du bébé. Mais aussi pour son matelas ou les housses de coussins d'allaitement. On lui connaît des vertus très absorbantes (beaucoup plus que le coton), antibactériennes en plus d'un toucher particulièrement doux.
Quant aux fibres de soja, on leur reconnaît des propriétés relaxantes, antibactériennes, anti-UV, associées à un toucher très soyeux et très léger. Le chanvre est, pour sa part, le tissu le plus solide connu à ce jour, d'où son intérêt dans la confection d'écharpes de portage ou de hamacs, aujourd'hui très à la mode.

Petits soins

Peau sèche, ongles qui griffent, petite maladie qui exige la prise de médicaments… les premiers mois du bébé sont parfois émaillés de moments où les soins prennent une tournure plus technique. Pas agréables pour le petit, mais nécessaires pour son bien-être. Calme et détermination vous aideront à passer le cap.

Soigner sa peau

La peau d'un nourrisson est extrêmement fragile. Si elle est saine, mieux vaut donc ne pas appliquer de crème chaque jour. En revanche, au moindre bobo, traitez-la tout de suite. Il n'a en effet que peu de chances de se résorber tout seul, mais au contraire il risque de s'infecter très vite. Souvent peu agréables pour votre tout-petit, ces soins doivent être prodigués avec beaucoup de douceur, toujours en communiquant le plus possible avec lui. Parlez-lui, caressez-le chantez et souriez !

LE MATÉRIEL indispensable

POUR SES FESSES

- Un asséchant
- Un antiseptique
- Une pommade « pâte à l'eau » apposant un film protecteur
- Une crème au zinc

POUR SA TÊTE

- De la vaseline ou une crème anti-croûtes de lait

POUR LE VISAGE ET LE CORPS

- De la crème hydratante

ET AUSSI...

- Du coton
- Des compresses
- Un drap de bain
- Un peigne
- Un savon doux

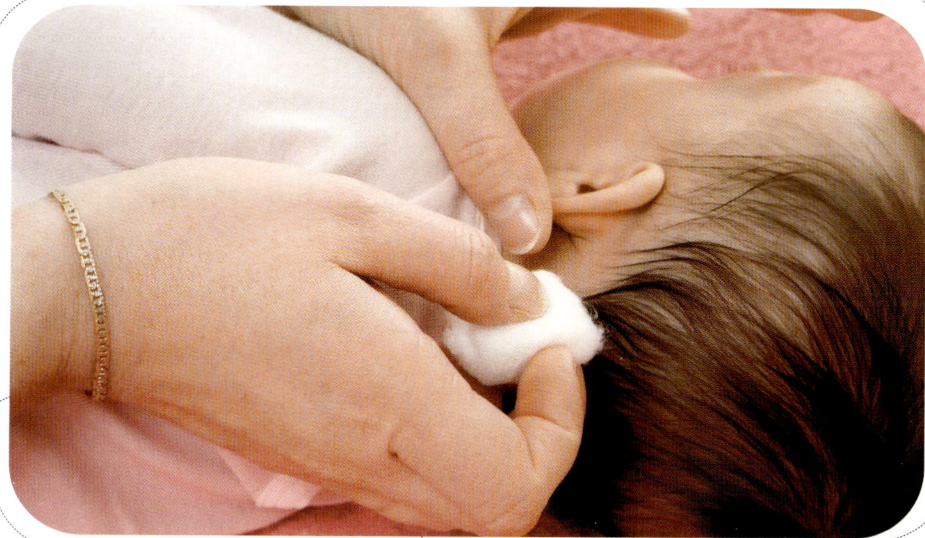

Derrière l'oreille

On oublie souvent de rincer et de sécher l'arrière de l'oreille après le bain. Savon ou petites régurgitations de lait peuvent macérer et s'infecter. Imbibez un coton d'antiseptique, tapotez légèrement, laissez sécher avant de passer une crème hydratante si besoin.

Sur le visage

Le vent, le froid, la chaleur agressent rapidement l'épiderme de votre tout-petit. S'il a des plaques sèches (dartres) ou le menton irrité par la salive, appliquez toujours une crème hydratante spécial bébé avant de sortir. Massez-le en partant du nez vers les tempes, et du menton vers le cou.

Croûtes de lait

Appliquez de la vaseline ou de l'huile d'amande douce et laissez agir toute la nuit. N'essayez pas de gratter les croûtes mais frottez-les en douceur avec un coton le lendemain lors du bain. Si elles sont importantes, elles ne s'élimineront pas en une seule fois.

Peau sèche

Quand l'eau du bain est calcaire, la peau peut rapidement devenir très sèche. Il faut l'hydrater avec une crème hypoallergénique. Deux méthodes : posez-la soit directement sur la peau (le contact peut être froid), soit dans vos mains et frottez-les avant de le masser.

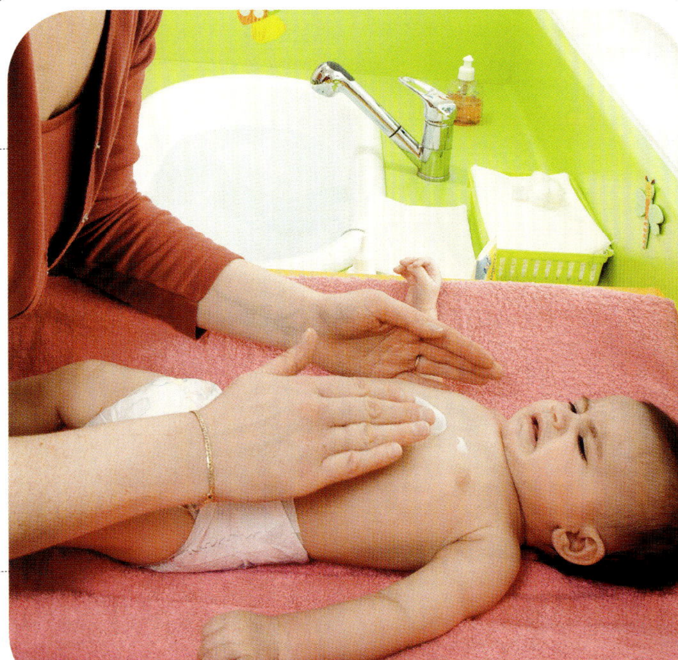

Petits plis

Si sa peau n'est pas bien essuyée après le bain, l'humidité peut très vite l'irriter au niveau des plis : cou, arrière des genoux, pliure du coude, poignet, dessus de pied... Écartez légèrement la peau, séchez bien sans frotter, étalez une bonne couche de crème et enlevez l'excédent.

Fesses rouges

Si ses fesses sont irritées, n'attendez pas, leur état va empirer très vite du fait de l'acidité des urines et des selles. Appliquez d'abord un produit asséchant, laissez sécher et terminez doucement par une bonne épaisseur de crème « pâte à l'eau » ou de liniment oléocalcaire.

Questions-Réponses

Mon bébé a la peau marbrée, est-ce normal ?

Oui. On a beau parler de la peau des bébés comme d'une peau de pêche, la plupart du temps, à la naissance, les bébés sont souvent parsemés de rougeurs. Ils desquament parfois et ont la peau totalement sillonnée de marbrures rouges et blanches. C'est tout à fait normal les premières semaines.

Les boutons blancs qui émaillent son visage vont-ils disparaître ?

Oui, et même très vite. Ces petits boutons de la taille d'une tête d'épingle disparaissent en quelques jours, voire quelques semaines. Appelés « grains de milium », ils siègent en général sur le front et les ailes du nez et proviennent de l'obstruction des canaux sudoripares (les canaux par lesquels s'échappe la sueur) par du sébum issu, lui, des glandes sébacées.

À la maternité, on m'a dit que mon bébé avait de l'acné. Est-ce possible ?

Tout à fait. L'acné du nourrisson touche très fréquemment les bébés allaités au sein. Il semblerait qu'elle provienne des hormones maternelles dont dispose l'enfant en très grande quantité à sa naissance et qu'il élimine peu à peu de cette manière. Cette acné se caractérise par de petits boutons rouges à tête blanche situés sur les joues et les ailes du nez.

Comment soigner l'acné ?

C'est simple, il faut nettoyer le visage avec du savon surgras et rincer soigneusement. Si l'acné persiste, le médecin prescrira un traitement spécifique.

Il a des croûtes sur le crâne, de quoi s'agit-il ?

Il s'agit des fameuses « croûtes de lait ». Mais leur nom est trompeur car elles n'ont rien à voir avec le lait ! On les appelle ainsi parce qu'elles apparaissent durant la période où le bébé boit exclusivement du lait. Elles proviennent de l'excès de sébum libéré par les glandes sébacées, la peau de bébé étant particulièrement grasse jusqu'à trois mois. Elles se présentent sous la forme de pellicules grasses et blanches, collées les unes aux autres, à la sortie des pores de la peau du cuir chevelu.

Les croûtes de lait sont-elles graves ?

Ce n'est pas grave mais il faut les soigner dès leur apparition pour éviter qu'elles ne se développent. En effet, d'abord molles, elles deviennent rapidement épaisses et jaunes, comme de la cire, et difficiles à éliminer. Pour prévenir leur survenue, lavez avec soin le cuir chevelu de votre bébé lors de chaque bain, sachant que les nourrissons transpirent beaucoup de la tête. C'est la meilleure prévention !

Comment s'en débarrasser ?

Surtout n'essayez pas de les enlever en les grattant : fini le temps où l'on utilisait un peigne, « façon râteau » au risque de blesser son cuir chevelu fragile. Commencez par les ramollir avec une pommade spéciale (il en existe de plusieurs marques) ou appliquez doucement de la vaseline. Laissez agir quelques minutes et finissez par un bon shampooing en massant en douceur son cuir chevelu lors du bain. Vous serez sûrement amenée à recommencer l'opération plusieurs jours de suite pour les éliminer progressivement.

Puis-je utiliser de l'huile d'amande douce sur le cuir chevelu ?

On a longtemps utilisé de l'huile d'amande douce. Mais les puéricultrices préfèrent désormais la vaseline pour décoller les croûtes de lait. Pour une raison simple : la vaseline pure présente l'avantage de ne pas pénétrer très vite dans la peau, ce qui prolonge son effet assouplissant en surface. Également, à notre époque où les allergies sont de plus en plus fréquentes, et ce dès les premiers mois de vie, on doit se méfier de l'huile d'amande douce lorsque l'enfant montre déjà une sensibilité alimentaire à l'arachide. Ou en cas d'allergie déjà connue dans la famille.

Pour quel type de problème de peau consulter le médecin ?

Consultez dès que vous avez le moindre doute à propos de la provenance des petits boutons présents sur le visage ou le corps de votre bébé. Si ces boutons sont eczémateux, s'ils sont purulents ou se développent du jour au lendemain, ou encore si votre bébé a une vraie « peau de crocodile » qui semble le démanger, n'hésitez pas à voir le pédiatre. Et, dans l'attente, arrêtez d'appliquer toute crème ou produit susceptible d'avoir provoqué une réaction cutanée.

Dois-je préférer le coton ou les compresses lors des petits soins ?

Pour le visage, utilisez de préférence un coton qui ne peluche pas, sa douceur est parfaitement adaptée à la grande sensibilité de l'épiderme de votre bébé. Mais pour appliquer un lait ou une solution liquide sur son corps, en cas d'érythème par exemple, préférez une compresse stérile (les non-tissées sont particulièrement douces). De même, servez-vous de compresses pour nettoyer parfaitement les plis, nombreux et profonds, de la peau de bébé, au niveau notamment du cou, des aisselles, de l'aine, des bras. Pliez la compresse en deux et passez-la doucement à l'intérieur du pli lors des soins et du séchage afin d'éviter toute macération qui risquerait de dégénérer en infection.

Puis-je me servir d'alcool à 90° pour mon bébé ?

Jamais ! Sa peau est « comme une éponge » qui absorbe tout ce qu'on y applique, l'alcool à 90° comme le reste. Votre bébé risquerait une intoxication. L'alcool, même de moindre degré, est également à proscrire sur les muqueuses et à proximité. Et ça pique !

S'il a un érythème fessier, puis-je appliquer de l'Éosine ?

Longtemps utilisé, cet asséchant n'est plus conseillé. Tout simplement parce qu'il est rouge et risque ainsi de cacher une infection éventuelle. On préfère désormais les produits incolores.

Puis-je utiliser l'eau du robinet pour les soins de sa peau ?

Si vous habitez une région où l'eau est calcaire et « dure » (renseignez-vous en mairie), mieux vaut l'éviter car elle risque de dessécher rapidement la peau déjà naturellement très fragile de votre nourrisson. Durant ses premiers mois et si vos moyens financiers vous le permettent, prenez plutôt une eau de source en bouteille. Inutile de prendre la plus chère pour cet usage. Pour son visage, vous pouvez de même opter pour un brumisateur d'eau minérale. Veillez alors à ce que la diffusion des gouttes

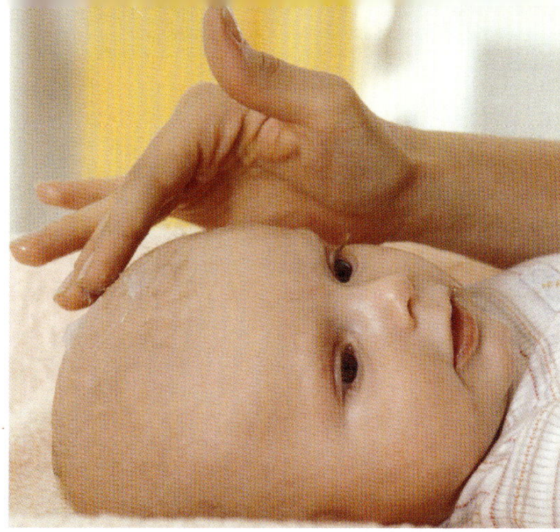

d'eau soit douce pour ne pas effrayer votre tout-petit. Ou, mieux encore, ne diffusez pas l'eau directement sur sa peau, mas d'abord sur un coton.

Dois-je prendre des mesures d'hygiène particulières lors de ses soins ?

Oui. Il est indispensable de toujours vous laver les mains très soigneusement (avant et après), et de vous les sécher tout aussi scrupuleusement, avec une serviette changée chaque jour. De même, si vous utilisez une serviette-éponge pour sécher la peau de votre bébé (en tamponnant sans frotter, bien sûr), vérifiez bien que celle-ci soit propre du jour et très sèche.

Et dans la manière de les lui prodiguer ?

Souvenez-vous qu'il faut toujours commencer la toilette et les soins par la partie du corps de bébé la moins sale et terminer par la plus sale, afin de ne pas amener de souillures là où il n'y en avait pas avant d'entamer la toilette ! Donc, le visage avant le corps, et le corps avant le sexe et les fesses.

À quel moment de la journée faire les soins de bébé ?

Si votre bébé a des rougeurs sur les fesses, vous devez intervenir lors de chaque change, le plus fréquemment possible afin d'éviter que l'urine (très ammoniaquée parfois !) et les selles n'irritent sa peau davantage. Pour le reste du corps et son visage, le moment du bain semble souvent le plus approprié, votre bébé étant calme et reposé, et déjà déshabillé ! Mais, s'il montre de l'impatience ou une « fringale » déclarée, remettez le soin au moment de le changer pour la nuit.

Le point sur... les crèmes sans paraben

La cosméto bébé est tendance. Les laboratoires développent de plus en plus de crèmes, pommades, laits et lotions spécifiques pour les tout-petits. Un marché en plein boom, aussi bien du côté des produits traditionnels que du bio, 100 % naturel, en hypermarché comme en pharmacie.

La plupart visent à soulager les peaux sèches, tant il est vrai que la peau des nourrissons est très fragile et très vite agressée par les conditions climatiques autant que le frottement des habits s'ils sont rêches ou la pollution. De plus en plus de cas de dermatite atopique (eczéma) se rencontrent également chez des tout-petits.

Des gammes spécifiquement dédiées à ces problèmes font leur apparition, l'important étant alors d'hydrater et de nourrir son épiderme très fin sans risque de réaction cutanée.

Suspectées d'être toxiques

Mais, parallèlement à cette attente des mamans, des études scientifiques ont mis au jour le rôle potentiellement nocif de certains composants des produits traditionnels, qu'ils soient ou non de haute renommée. En effet, jusqu'à présent, la plupart d'entre eux comportent des conservateurs issus de la famille des parabens, suspectés d'être des perturbateurs endocriniens.

Saisie du dossier, l'Agence française de sécurité sanitaire des produits de santé (l'Afssaps) a estimé qu'en quantités minimes, telles que les normes les autorisent, il n'y a pas de danger pour l'homme. Toutefois, de plus en plus de voix de médecins et d'associations écologiques s'élèvent contre leur utilisation, selon le principe de précaution, sachant que la peau du bébé est tellement fine que les produits passent facilement dans le sang ou les tissus adipeux.

Dans le doute, au quotidien, le mieux est de se tourner vers les marques et les gammes qui affichent clairement l'absence de ces conservateurs. C'est le cas des lignes bio ou 100 % naturelles, bien sûr. Mais aussi de nombreuses gammes de produits de fabricants traditionnels qui ont été reformulées sans paraben. Détaillez avec soin la liste des ingrédients avant d'acheter !

Le minimum indispensable

Quoi qu'il en soit, n'en abusez pas : appliquez-en seulement lorsque l'enfant en a besoin, et non par simple habitude. De même, inutile de l'appliquer en couche vraiment épaisse si la crème doit au contraire pénétrer rapidement.

Un excès de pommade risque de boucher les pores alors que ceux-ci permettent naturellement à la peau de respirer et d'éliminer séborrhée et déchets. Et si certaines marques conseillent un usage quotidien de leurs produits, médecins et puéricultrices préfèrent aujourd'hui limiter au maximum le contact de la peau avec des substances, végétales ou non, qui peuvent un jour susciter une réaction cutanée, voire une allergie à l'un des composants. Selon le principe : moins on en met, moins on prend de risque. C'est pourquoi aussi, mieux vaut toujours préférer des formules qui impliquent le minimum d'ingrédients possibles.

Couper ses ongles et ses cheveux

Les jeunes parents redoutent souvent de jouer les manucures avec leur bébé. Pourtant, plus on commence tôt, moins il s'agite. Il s'habitue à ces rendez-vous réguliers et suit même les opérations avec curiosité dès quelques mois pour peu que vous l'y intéressiez vous-même en lui expliquant vos gestes au fur et à mesure. Alors, courage, bonne humeur et tout se passera bien !

La bonne position

L'enfant est tenu confortablement en « position de sécurité », sans être entravé. Bien calé, son dos contre votre buste, sa tête dans le creux de votre épaule, votre bras l'entourant pour bien le maintenir tout en le rassurant.

LE MATÉRIEL indispensable

- Une lime à grains très fins
- Un coupe-ongles spécial bébé
- Une paire de petits ciseaux à bouts ronds ou une paire de petits ciseaux à bouts incurvés

À la lime

L'utilisation d'une petite lime suffit au départ, lorsque l'ongle de votre enfant est encore souple. On la tient légèrement inclinée par rapport à l'ongle, sans frotter les côtés pour ne pas irriter la peau autour.

Aux ciseaux

Méthode classique : les ciseaux de bébés à bouts ronds. Si on place bien les lames perpendiculaires à l'ongle, tout contre le bout du doigt, on obtient d'emblée la bonne longueur.

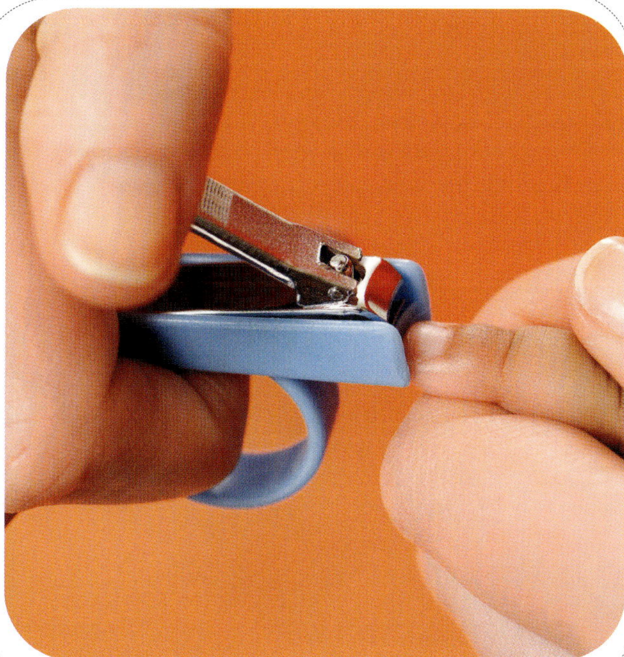

Avec un coupe-ongles

À partir de six mois, ses mains ont grandi et ses ongles durci. Le coupe-ongles s'avère très pratique : on coupe l'ongle en une fois, bords compris. Le placer bien de face, en butée sur le bout de doigt.

Le geste sécurité

Pour réussir en toute sécurité, cachez à l'intérieur de votre paume les doigts qui attendent leur tour et ne laissez sortir que celui dont vous allez vous occuper. Faites-le reposer sur votre index, tout en le maintenant avec votre pouce.

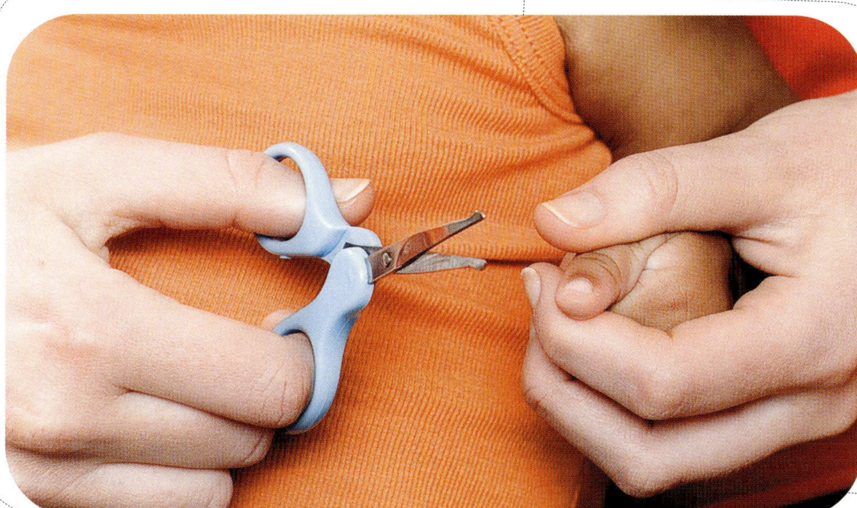

Questions-Réponses

J'ai un peu peur de couper les ongles de mon bébé.

C'est tout à fait normal. De nombreuses mamans (et plus d'un papa) abandonnent volontiers la séance de manucure à la nounou ou à la crèche. Pourtant, avec un peu d'organisation et de patience, vous en viendrez à bout sans panique, et sans bobo !

À partir de quel âge faut-il les couper ?

Vous pourrez commencer à manucurer votre nourrisson lorsqu'il aura un mois. Avant, ses ongles sont beaucoup trop mous et poussent d'ailleurs souvent assez peu. Quant aux ongles des orteils, vous pourrez vous en occuper plus tard car ils se développent beaucoup moins vite que ceux des mains.

Pourquoi faut-il couper les ongles d'un bébé si petit ?

Tout simplement pour qu'il ne se griffe pas lui-même, ni ses petits compagnons ou frères et sœurs lorsqu'il vit avec d'autres enfants. En effet, ses ongles sont très effilés, ils peuvent se casser et devenir très « tranchants », surtout sur sa peau si fragile.

Y a-t-il des précautions à prendre ?

Commencez par vous laver les mains avant de couper les ongles de votre nouveau-né. Il faut ensuite nettoyer et désinfecter à l'alcool à 60° les ciseaux ou les coupe-ongles avant de vous en servir. Enfin, mieux vaut réserver l'usage de ce matériel au seul enfant. Et n'oubliez pas de laver également les mains du bébé pour éviter toute infection en cas de blessure.

Comment faut-il s'installer ?

Les premiers mois, tant que le bébé ne tient pas assis, il est plus pratique de l'allonger sur la table à langer. En ayant pris soin d'avoir préparé le nécessaire de toilette à proximité pour ne pas le quitter un seul instant. Lorsqu'il est plus tonique, le mieux est de le tenir assis devant soi, bien appuyé contre votre buste en l'entourant de vos bras, bien en sécurité.

Doit-on tailler ses ongles en arrondi ou « au carré » ?

En arrondi, vous éviterez que les chaussettes ou les pieds de son dors-bien ne s'accrochent à l'angle. En les coupant bien droit, vous ne risquerez pas de blesser la peau du coin de l'ongle. Procédez en un léger arrondi, qui suit naturellement la forme de l'orteil sans angle vif. Et surtout évitez d'aller dans les coins de l'ongle. Laissez au moins 2 mm d'ongle dépasser de la chair.

Quel matériel choisir ?

Selon son âge, vous avez le choix entre :
- une lime spéciale bébé pour les tout débuts, lorsque l'ongle n'est pas encore bien formé mais doit être juste « raboté » pour ne pas griffer ;
- des ciseaux « spécial bébé », à bouts ronds spatulés, c'est-à-dire formant un arrondi aux extrémités des lames pour éviter de piquer la peau. Ils sont parfaitement à la taille de ses petites mains à partir d'un mois ;
- un coupe-ongles « spécial bébé », plus étroit que les modèles destinés aux adultes, et de préférence doté d'une butée sur laquelle vient se caler le doigt ; la peau est ainsi protégée de toute coupure involontaire et on évite de couper l'ongle trop loin. Vous pouvez le préférer aux ciseaux à partir du moment où ses ongles sont bien durs. Pas avant six mois, en général.

Y a-t-il un moment idéal pour la séance de manucure ?

Non. Tant que l'enfant est tout petit, il se laisse généralement faire assez stoïquement. Et, s'il est calme, on peut le prévoir après la tétée. S'il s'agite, attendez qu'il dorme profondément ou procédez juste avant qu'il se réveille de sa sieste pour ne pas perturber inutilement son sommeil. Mais, à quelques mois, il signale souvent son impatience. En cas de rébellion, à chacun sa méthode ! Certains parents attendent que bébé dorme paisiblement, d'autres prennent simplement leur enfant blotti contre eux et lui tiennent fermement mais doucement la main. Avec ou sans pleurs, selon que l'on parvient ou non à distraire le bambin pendant les opérations ! Un livre ouvert sur les genoux ou une chanson peuvent être très efficaces. Sachez aussi que l'intervention sera plus facile après le bain du fait que les ongles auront été considérablement assouplis par l'eau.

Ses ongles sont très longs, alors qu'il n'a que huit jours. Est-ce normal ?

Oui, cela peut arriver et ne doit pas vous inquiéter. En effet, si on attend la plupart du temps la fin du premier mois pour couper les ongles de bébé, rien n'empêche de le faire plus tôt, dès la première semaine si vous craignez qu'il ne s'égratigne (assurez-vous alors qu'il ne reste aucun angle ni pointe vive sur son ongle après la coupe). Dans ce cas, vous pouvez aisément utiliser une lime, mais surtout très souple. Sachez aussi que, plus un bébé naît proche du terme de la grossesse, plus ses ongles sont longs à la naissance.

Comment éviter qu'il ne se griffe ?

À défaut de lui couper très régulièrement les ongles, faites-lui porter des moufles « spécial nouveau-né » en coton très fin, durant la nuit. Mais attention, ne les lui laissez pas en permanence, car votre bébé a besoin de sentir, de percevoir et de découvrir le monde avec ses mains autant qu'avec ses yeux !

Quels risques si l'on coupe mal ?

D'abord, bébé risque de se griffer lui-même si vous coupez ses ongles à angle droit. Mais, plus grave, cet angle vif peut provoquer une inflammation si la pointe pénètre dans la chair à mesure que l'ongle pousse. Vous repérerez cette inflammation à la rougeur du doigt en cet endroit, et au fait que votre bébé se plaint ou grimace quand vous le touchez.

Que faire si son ongle est inflammé ?

Désinfectez-le deux ou trois fois par jour en le trempant dans un savon liquide antiseptique additionné d'eau tiède. Ou tamponnez le désinfectant au moyen d'une compresse. Rincez soigneusement ensuite, surtout si votre tout-petit porte fréquemment ses doigts à sa bouche. Consultez si la rougeur augmente.

Que faire si j'entaille le doigt de mon bébé ?

En cas d'incident, ne vous inquiétez pas trop et agissez sereinement. Moins vous serez paniquée, plus votre enfant restera calme ! Comprimez la coupure à l'aide d'une compresse stérile jusqu'à ce que le saignement cesse (cela peut prendre un peu de temps, les doigts saignant toujours en abondance en cas de coupure). Laissez sécher la blessure à l'air, après y avoir appliqué un peu d'antiseptique pour bébé qui ne pique pas.

Puis-je enlever les petites peaux autour des ongles de bébé ?

Ne tirez surtout pas sur les petites peaux qui entourent l'ongle, cela pourrait provoquer une infection, voire un panaris. Coupez-les à ras de la peau avec les ciseaux si possible, sinon laissez-les, elles son inoffensives.

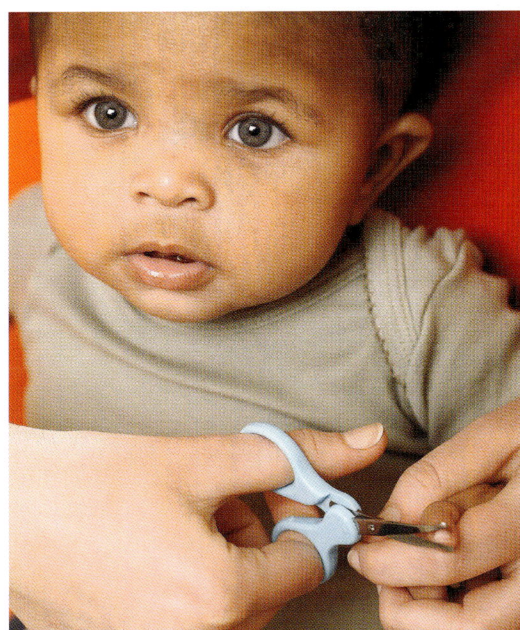

Le point sur... Sa première coupe de cheveux

Faut-il couper les cheveux de bébé très tôt ?

Non, il n'y a aucune raison particulière à le faire. Sauf à vouloir éliminer une éventuelle mèche rebelle et éviter à bébé l'inconfort des mèches « dans le cou », sachant que les nourrissons transpirent beaucoup de la tête les premiers mois. Ensuite, pour éviter que les pointes ne s'abîment. Enfin, certains bébés naissent avec une chevelure déjà très abondante, pas forcément organisée en jolie coiffure. On peut alors vouloir réviser un peu la coupe !

Les cheveux sont-ils plus vigoureux si on les coupe souvent ?

Non, car les cheveux des bébés changent de nature plusieurs fois la première année. Au départ, c'est un fin duvet appelé lanugo. Viennent ensuite les premiers vrais cheveux, qui tombent vers trois mois et qui seront progressivement remplacés par la chevelure d'enfance. Celle-ci profite généralement de l'occasion pour changer de couleur ! De même, inutile de couper les cheveux de votre bambin à la pleine lune pour qu'ils repoussent plus forts et plus vite : leur texture est programmée génétiquement tandis que l'épaisseur du cheveu augmente régulièrement jusqu'à l'âge adulte.

Vaut-il mieux couper ses cheveux mouillés ou secs ?

Les deux méthodes ont chacune leurs avantages et leurs inconvénients. Vous attraperez plus facilement les mèches mouillées, tandis que, sur cheveux secs, vous visualiserez mieux la coupe finale, ce qui vous permettra de couper droit et régulièrement les mèches rebelles. En plus, cette dernière façon de procéder est plus rapide.

Quel shampooing utiliser les premiers jours ?

Puisque vous lavez sa tête chaque jour pendant le bain, utilisez le même savon que celui qui convient pour le corps de votre bébé, dénommé en général « deux en un » ou savon « corps-cheveux » par les fabricants. Plus tard, lorsqu'il aura deux ou trois mois, vous opterez pour un shampooing « spécial bébé ».

Quel matériel choisir pour couper les cheveux ?

Les ciseaux dits « de coiffeur » sont ceux qui conviennent le mieux : ils sont longs et très effilés, très maniables donc faciles d'utilisation. Mais, pour votre nourrisson qui risque de bouger durant la coupe, optez pour un modèle légèrement spatulé : les lames se terminent en arrondi afin de ne pas blesser bébé en cas de geste brusque.

Comment procéder ?

Installez-vous sur la table à langer les premiers mois. Sur cheveux secs ou mouillés, la méthode est la même : peignez sa chevelure pour visualiser les longueurs à égaliser, en commençant par le sommet du crâne, puis vers les côtés. Pour vous aider à attraper facilement les mèches à couper, si elles sont un peu courtes, vous pouvez tracer des raies espacées de 2 cm environ, de part en part de la tête.
Par sécurité, posez toujours vos doigts écartés entre les ciseaux et le crâne pour le protéger si votre bébé tourne la tête brusquement. Coupez toutes les pointes à la même longueur, c'est-à-dire la partie des cheveux qui dépasse de vos doigts placés à bonne hauteur.

Que choisir : une brosse en soie, synthétique, ou un peigne ?

Si votre enfant a un simple duvet très fin, mieux vaut vous servir d'une brosse en soie naturelle, réputée pour sa douceur. En revanche, s'il a déjà de vrais cheveux plus ou moins longs, optez pour une brosse en Nylon aux poils plus fermes.
Si vous préférez le peigne, orientez votre choix vers les modèles dont les dents se terminent par de petites boules en bois ou en plastique qui n'agressent pas le cuir chevelu. Et n'oubliez pas de nettoyer soigneusement ces ustensiles régulièrement.

Lui donner des médicaments

Un nourrisson supporte d'autant mieux les soins prodigués que vous lui parlez en même temps. Souriez, soyez détendue, douce… mais ferme. Même s'il trouve ce moment particulièrement peu agréable, n'oubliez pas qu'il s'agit de sa santé. Pas question de ne pas lui donner ses médicaments sous prétexte que vous n'osez pas. Précision et rapidité seront vos alliés.

Le sirop

Pour le sirop ou une poudre à reconstituer, faites reposer la cuillère ou la pipette sur la lèvre inférieure pour permettre au bébé de laper ou téter le liquide très lentement. Faites des pauses régulières pour vous assurer qu'il avale correctement.

LE MATÉRIEL indispensable

POUR LES SOINS PRÉLIMINAIRES

- Du coton hydrophile
- Des cotons prédécoupés
- Un mouche-bébé « spécial bébé »
- Des compresses stériles
- De l'eau minérale

POUR LES MÉDICAMENTS EUX-MÊMES

- Un petit biberon 40 ml

POUR PRENDRE SA TEMPÉRATURE

- Un thermomètre pour bébé

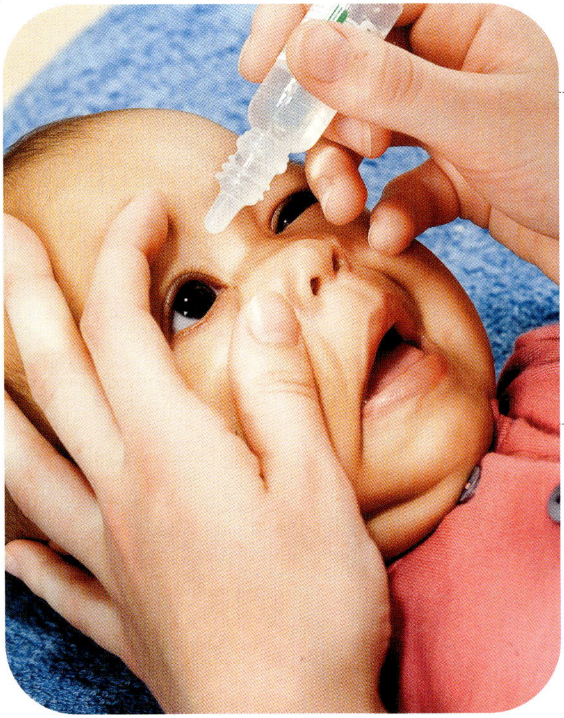

Le collyre

On maintient l'œil ouvert en écartant les paupières entre le pouce et l'index. On laisse tomber la goutte de collyre dans le coin interne. Pas de trop haut (4 à 5 cm maximum) pour ne pas faire sursauter l'enfant.

La pulvérisation nasale

Redressez le bébé en position assise pour pulvériser le produit nasal. Ainsi, celui-ci ne s'écoule pas au fond de sa gorge. Placez l'embout légèrement introduit au bord de la narine.

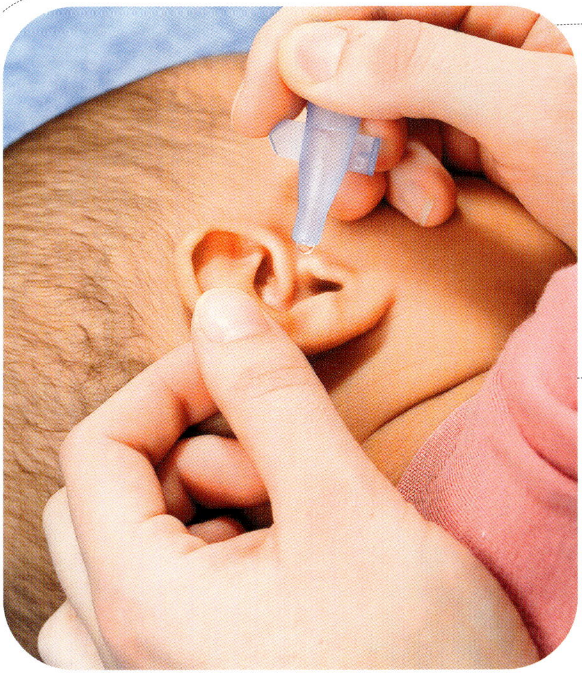

Les gouttes dans les oreilles

Chauffez longuement le flacon entre vos mains pour éviter un contact froid qui lui ferait tourner la tête. Posez une main doucement sur sa nuque et l'autre, celle qui tient le flacon, bien en appui sur sa joue. Comme il ne nous voit pas, ce contact le rassure.

Le suppositoire

Relevez d'une main ses jambes sur son ventre pour éviter un faux mouvement. Si le suppositoire est effilé façon fusée d'un côté, introduisez-le par le bout carré : cela évite qu'il ne ressorte. Et maintenez ses fesses serrées un petit instant.

Questions-Réponses

Puis-je mettre le médicament de bébé dans son biberon ?

Non. Si votre enfant ne finit pas son biberon immédiatement, vous ne pourrez savoir quelle quantité de médicament il a bel et bien avalée. Et impossible donc de compléter pour lui administrer la bonne dose.

Y a-t-il des formes galéniques plus efficaces que d'autres pour mon nourrisson ?

Non, pas plus efficaces mais plus pratiques. En effet, il est impensable de faire avaler un comprimé « tout rond » à un nourrisson et même à un enfant plus âgé ! La plupart des remèdes pour bébé se présentent sous une forme liquide : sirop, poudre ou granule à diluer (antipyrétique, plâtrage stomacal, etc.) ou à reconstituer (antibiotiques) dans de l'eau. Mais aussi sous la forme de suppositoires, mode d'absorption du principe actif du médicament par l'organisme plus rapide que la voie digestive, le passage du médicament dans le sang étant ralenti lorsque l'estomac est plein. De plus, s'ils ne sont pas agréables à administrer, les suppositoires présentent tout de même l'avantage majeur d'être rassurants et efficaces : même si bébé vomit, vous êtes toujours certaine qu'il n'a pas rendu la moitié de son médicament. Ils sont également très pratiques lors d'une alimentation au lait maternel exclusif puisqu'ils vous dispensent de faire usage d'un biberon d'eau dont il n'a pas l'habitude. Seul risque : que bébé l'expulse en même temps qu'une selle. Prenez donc la précaution de lui mettre si possible son suppositoire après des selles, et non avant.

Comment être bien installés ?

Cela dépend du genre de remède que l'enfant doit prendre. Tant que le bébé ne tient pas assis, vous pouvez administrer les remèdes à instiller (oreilles, nez) en l'allongeant sur la table à langer. Ainsi vous êtes à bonne hauteur pour avoir des gestes précis et sûrs. Autre avantage de cette position : votre bébé vous fait face, il vous voit et communique avec vous pendant que vous le soignez. Cela le rassure.
En revanche, pour les médicaments liquides à donner avec une cuillère doseuse ou un biberon, il faut impérativement porter le bébé dans vos bras, assis sur votre avant-bras ou vos genoux, son buste bien redressé. Il « lape » alors lentement l'ustensile posé au bord de ses lèvres pour éviter tout risque de fausse route.

Je crains d'utiliser une seringue graduée (ou pipette), est-ce vraiment pratique ?

Oui. Pour un médicament liquide, rien de mieux que le principe de la pompe ou pipette graduée. À condition qu'elle soit vendue avec le remède pour être sûr de respecter sa posologie. Votre bébé étant installé en position presque assise afin d'éviter une fausse route, vous parviendrez sans peine à introduire le médicament entre la gencive et la joue ou sur le côté de la bouche pour que le remède s'écoule avec douceur. Cette méthode évite aussi que le liquide se renverse ou que bébé tourne la tête au moment où vous auriez approché la cuillère de ses lèvres. Ou encore qu'il recrache la solution si elle a mauvais goût. Mais il est fondamental de pousser sur la pompe le plus lentement possible, en veillant à ce que le bébé déglutisse souvent, pour qu'il ne risque pas d'avaler de travers.

Pour lui donner ses médicaments peut-on boucher son nez afin qu'il ouvre la bouche ?

Voilà une méthode absolument non recommandée. Sous l'effet de la surprise ou de l'agitation, bébé risque d'avaler de travers et de s'étouffer, le liquide faisant dangereusement fausse route. Mieux vaut appuyer doucement sur son menton avec votre index en lui expliquant par des paroles et une voix rassurante ce que vous faites. Regardez-le et souriez toujours.

Dans quel sens mettre un suppositoire ?

De plus en plus de suppositoires pour enfants ont les deux extrémités plates. La question ne se pose pas. En revanche, pour les modèles asymétriques, deux écoles s'opposent à ce sujet. Dans le sens « de la fusée », le bout effilé d'abord, l'extrémité plate servant à pousser le suppositoire : la partie effilée lui permet de pénétrer plus facilement, le bout plat évite qu'il ne ressorte si bébé tente de l'expulser.
La théorie inverse est plus actuelle : l'extrémité plate d'abord, afin que le suppositoire ne puisse pas ressortir sous la poussée de bébé. Cette dernière a aujourd'hui la préférence d'un grand nombre de puéricultrices. Vous pouvez tenter les deux. Dans les deux cas, mouillez le suppositoire ou enduisez-le d'un peu de vaseline pour qu'il soit moins agressif et moins irritant sur la muqueuse de bébé.

Combien de temps faut-il pour qu'un médicament fasse de l'effet ?

Pour la plupart des remèdes, il faut compter au moins une vingtaine de minutes. Même chose pour les suppositoires : si bébé ne le rejette pas dans sa couche avec une selle, le produit sera absorbé en 20 à 25 minutes. Et l'effet du médicament se situe entre 20 et 45 minutes.

J'ai oublié de lui donner sa dose de médicament ce matin, puis-je regrouper les deux doses le soir ?

Surtout pas. C'est très dangereux : vous risquez un surdosage toxique. Vous devez au contraire suivre scrupuleusement la posologie indiquée par le médecin ou, à défaut, par le laboratoire fabricant. Téléphonez au médecin pour savoir s'il faut vraiment et comment « récupérer » la dose manquante, mais n'improvisez pas de solution sans son avis.

À quel moment de la journée lui administrer ses remèdes ?

Il n'y a pas de règle. Il faut donc bien penser à le faire préciser par le médecin, quitte à lui passer un petit coup de fil après la consultation. En effet, certains médicaments doivent être pris à jeun, d'autres avant le repas, d'autres encore après le repas, d'autres enfin ne doivent jamais être dilués dans du lait : respectez ses conseils d'administration.

Si je donne souvent des antibiotiques à mon bébé, feront-ils encore effet ?

Les microbes que les antibiotiques combattent risquent de devenir résistants. En effet, si l'antibiotique ne parvient pas à tuer le microbe (étant administré en dose mal appropriée ou sur une durée insuffisante), ce dernier ressort non pas affaibli mais au contraire comme « vacciné » par les antibiotiques ; il est alors plus fort que jamais pour rendre malade bébé, voire poursuivre l'épidémie. N'arrêtez jamais le traitement avant la date indiquée par le médecin sous prétexte que votre bébé se porte déjà beaucoup mieux. De même, ne changez pas les doses prescrites sans avis médical.

Combien de temps peut-on garder des médicaments entamés ?

Les collyres, auriculaires comme oculaires, sont périmés quinze jours après leur ouverture. Ils ne doivent donc plus être utilisés dès la fin du traitement pour lequel le médecin les a prescrits. De même, certains antibiotiques entamés se gardent au réfrigérateur une dizaine de jours, pas plus. En revanche, un sirop peut se conserver la durée de l'hiver. Quant aux sachets, suppositoires et pommades, respectez leur date de péremption mentionnée sur l'emballage. Pour préserver l'environnement et éviter tout risque d'accident (intoxication notamment), ne jetez pas ces médicaments directement à la poubelle. Rapportez-les, entamés comme périmés, à votre pharmacien afin qu'ils soient récupérés, triés et détruits sous contrôle.

Dois-je conserver les médicaments au réfrigérateur ?

Pas tous. C'est impératif pour les vaccins et certains antibiotiques pendant la durée du traitement. Seulement conseillé pour les suppositoires qui, ainsi, seront plus durs et ne s'écraseront pas lorsque vous les manipulerez pour soigner bébé. Quant aux sirops, ils ont moins de goût à faible température.

LA PHARMACIE DE BASE

- Du sérum physiologique pour nettoyer yeux et nez
- Du savon antiseptique
- De l'alcool à 60° pour désinfecter
- Une paire de ciseaux

Après conseil médical

- Un antipyrétique (contre la fièvre) et antidouleur en dosage bébé
- Des solutions de réhydratation en sachets (en cas de début de déshydratation)

Soigner son ombilic

Voilà bien le genre de soin que tout jeune parent redoute de prodiguer. Pourtant, la désinfection de l'ombilic est à pratiquer deux fois par jour, matin et soir, jusqu'à la cicatrisation complète du cordon. Soit environ quinze jours après la naissance. Et soyez rassurés, ils ne sont pas douloureux pour le nouveau-né. Ils peuvent juste l'agacer un peu !

Une bonne préparation

Avant de commencer ce soin, préparez tout le matériel nécessaire à portée de main. Pas question de laisser l'enfant seul un instant sur la table à langer. Ne le déshabillez pas en entier mais laissez son buste couvert : un nouveau-né se refroidit vite et la plupart n'apprécient pas d'être tout nus « à l'air libre », et étendez une serviette éponge sur la table à langer

LE MATÉRIEL indispensable

POUR LES SOINS

- Antiseptique local (type Diaseptyl ou biseptine)
- Coton-Tiges
- Compresses stériles

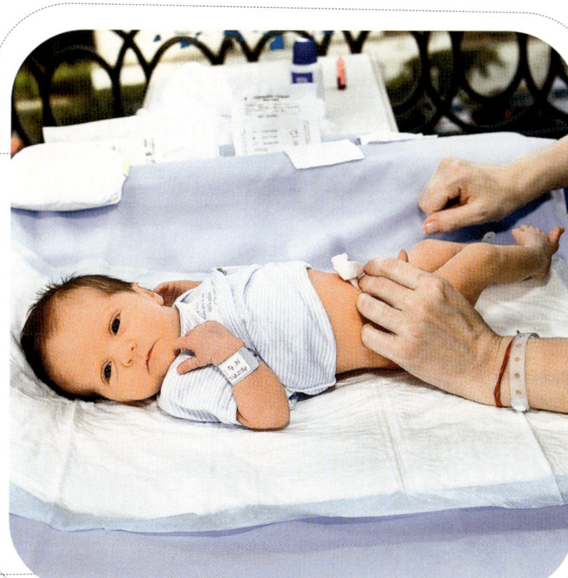

Désinfecter

Après s'être bien lavé les mains, on applique avec un Coton-Tige de l'antiseptique genre Biseptine à la base du cordon. Pour éviter tout faux mouvement (l'enfant peut être surpris par le contact froid et peut bouger), mieux vaut tenir ses jambes fermement, une main plaquée sur ses cuisses.

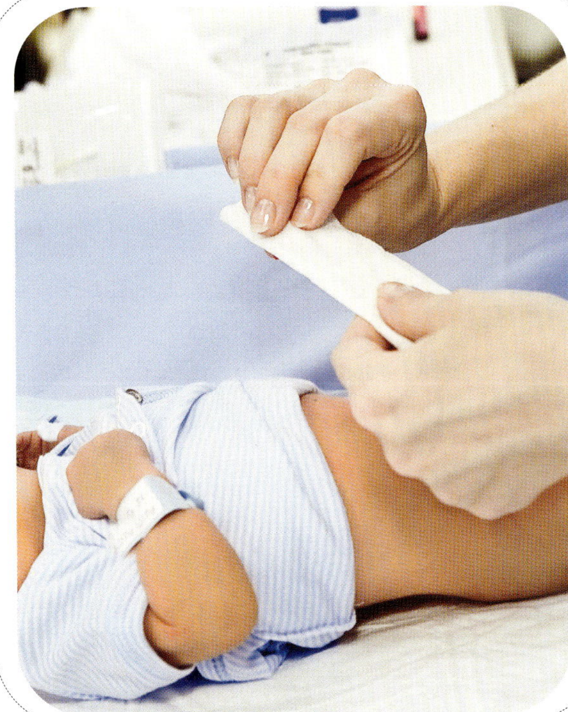

Rouler la compresse

L'étape suivante dépend de l'état du cordon. Lorsque la pince est encore clampée sur l'ombilic ou que le petit bout de cordon est toujours présent, on doit placer une compresse stérile tout autour. Il suffit d'en déplier une et de la rouler en un fin boudin.

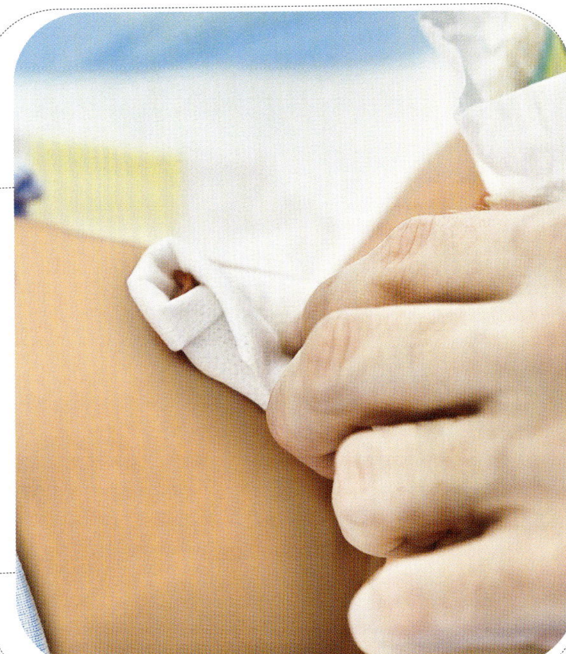

L'entortiller

Pour enrouler la compresse autour du cordon, on doit agir avec beaucoup de précaution, au risque de le faire tomber de façon prématurée. Soulevez-le délicatement, passez la compresse un peu aplatie en dessous et refermez les deux côtés l'un sur l'autre.

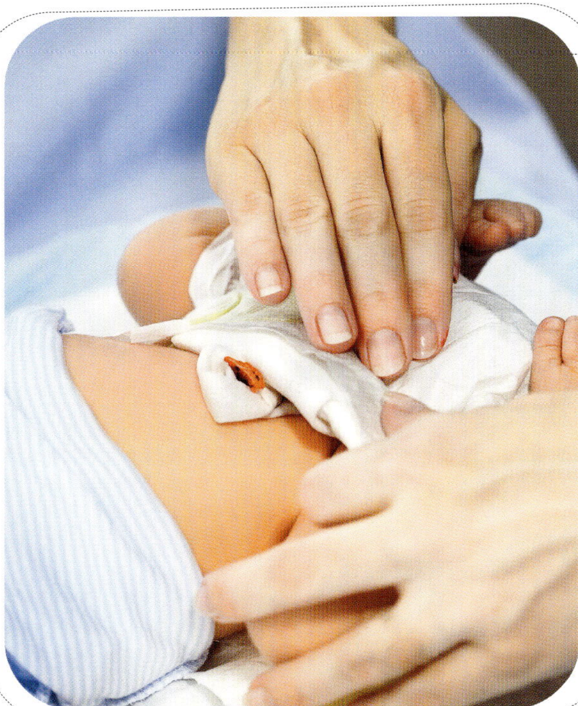

Replier la couche

On ne recouvre pas l'ombilic avec la couche : ne pas l'enfermer lui permet de cicatriser mieux et plus vite. Cela empêche aussi un frottement qui pourrait le blesser. Et on évite ainsi un contact désagréable avec une couche sale. Donc on retourne le bord une ou deux fois avant de fermer la couche.

Le protéger

Que le cordon soit déjà tombé ou pas, pour finir, on glisse juste une compresse entre la couche et l'ombilic : cela le protège et évite de tacher son body. Poursuivez ces soins trois ou quatre jours après la chute du cordon pour être sûre qu'il soit parfaitement cicatrisé.

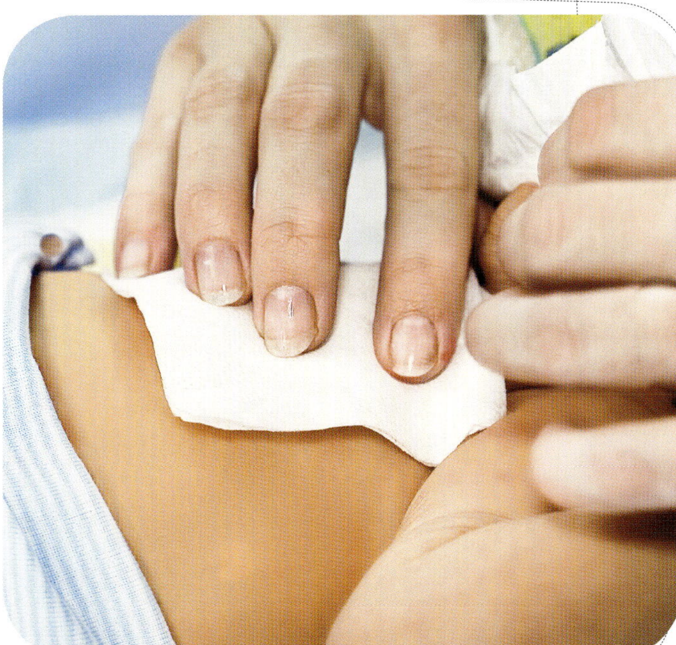

Questions-Réponses

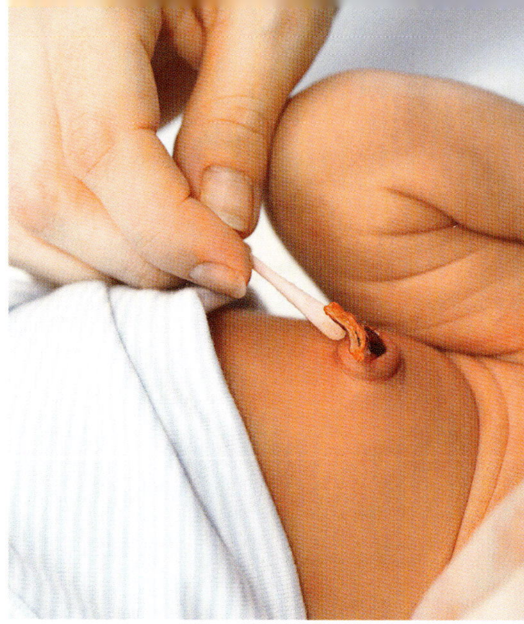

Quelle est la différence entre nombril et ombilic ?

L'ombilic est la cicatrice du cordon ombilical qui relie l'enfant à la mère (plus exactement le fœtus au placenta) durant la grossesse. Coupé et noué à la naissance, le cordon se dessèche en quelques jours, laissant place au nombril.

J'appréhende ces soins. Sont-ils douloureux pour le bébé ?

Non. Ces soins sont seulement un peu impressionnants les premières fois, surtout si le cordon n'est pas tombé lors du séjour à la maternité. Mais rassurez-vous, votre bébé n'a pas de sensibilité particulière à cet endroit et, si vous intervenez avec douceur, ils ne risquent pas de lui faire mal. Craignez plutôt que le cordon ne s'infecte si vous ne les faites pas scrupuleusement. Soyez vigilante.

Il s'agite en tous sens pendant les soins, pourquoi ?

Les soins étant indolores, il s'agite pour une autre raison : faim, petits problèmes intestinaux. Pensez également que les nouveau-nés n'apprécient pas d'être nus. Encore récemment, votre tout-petit était protégé, bien au chaud dans le ventre maternel, et cette brusque sensation de nudité peut l'inquiéter, lui donner une impression d'insécurité. Pendant les soins, couvrez donc la plus grande partie de son corps avec un drap de bain ou son body.

Son nombril « ressort » beaucoup. Que faire ?

Il s'agit d'une petite hernie ombilicale. Ne vous inquiétez pas, elle disparaîtra lorsque bébé fera fonctionner les muscles de son abdomen (les « grands droits ») en bougeant davantage qu'il ne le fait durant ses premiers mois. Cette hernie est due au fait que ses muscles ne se rejoignent pas encore complètement au niveau de

À QUOI SERT LE CORDON ?

C'est par le cordon ombilical, reliant l'enfant à sa mère, que le fœtus est nourri et peut se développer en recevant tout ce dont il a besoin.

Cette sorte de « tuyau » qui relie le fœtus au placenta se compose de trois vaisseaux sanguins – deux artères et une grosse veine – implantés dans une gaine graisseuse. Cette gaine étant plus longue que les vaisseaux, elle est vrillée sur elle-même, ce qui lui donne de la souplesse. Ainsi, le cordon ne s'entortille pas et ne risque pas de bloquer l'arrivée du sang. La grosse veine transporte le sang riche en oxygène ainsi que les nutriments vers le fœtus, tandis que les deux artères assurent le retour en évacuant les déchets et le sang ayant perdu une grande partie de son oxygène, vers le placenta.

Le cordon sera coupé à la naissance et pincé (on dit clampé) à 2 ou 3 cm de sa base.

l'ombilic : si l'on pose un doigt dessus, on sent gargouiller l'intestin juste sous la saillie. En principe, elle disparaîtra naturellement avant l'âge d'un an et au plus tard vers trois ans. Dans le cas contraire ou si elle est particulièrement importante, parlez-en à votre pédiatre. Une petite intervention chirurgicale sera possible sans aucun risque entre deux et trois ans.

À quel signe voit-on que l'ombilic s'infecte ?

Si un liquide suinte dans les jours qui suivent la chute du cordon, c'est le signe du début d'une infection. Désinfectez à l'alcool à 60 ° ou à l'aide d'un antiseptique spécial bébé et parlez-en à votre médecin.

Dans quel cas consulter le médecin ?

Si malgré les soins désinfectants, du liquide continue de couler ou qu'une odeur s'en dégage continuellement. *A fortiori* si le nombril est purulent. Également si la compresse ramène toujours des impuretés après plus de dix à quinze jours de soins. Mais d'autres petits problèmes peuvent vous amener à consulter : une rougeur, une inflammation, un saignement ou une petite excroissance de chair qui se développe soit à l'intérieur soit à l'extérieur du nombril. Ou encore une proéminence importante. Dans ce cas, consultez sans tarder.

Puis-je donner un bain à mon bébé avant la cicatrisation du nombril ?

Oui, sans problème, n'hésitez pas. Le seul point important est de sécher très attentivement, mais sans frotter, le nombril et tous les petits plis alentour afin de prévenir tout risque de macération délétère.

Combien de temps ces soins doivent-ils se poursuivre ?

Jusqu'à la cicatrisation complète de l'ombilic, entre quatre et quinze jours (maximum) après la chute naturelle du cordon. C'est vraiment variable d'un bébé à l'autre et d'une méthode à l'autre. La cicatrisation se repère au fait que la compresse ou le Coton-Tige n'est plus taché de liquide et ne laisse plus d'impuretés lors des soins. Mieux vaut alors continuer les petits soins trois ou quatre jours supplémentaires, pour s'assurer qu'il est parfaitement cicatrisé.

Le point sur...
la nouvelle méthode

La plupart des maternités ont simplifié le protocole de soins de l'ombilic. Finie la bande Surgifix qui saucissonnait le bébé au niveau de la taille pour maintenir en place la compresse. En serrant l'abdomen, le filet marquait la peau du bébé et son contact pouvait entraîner des allergies. Fini aussi l'usage de l'Éosine acqueuse à 2 %, pour deux raisons : sa coloration ne permet pas de suivre l'état de l'ombilic (elle risque de masquer une infection éventuelle) et cet asséchant étant très efficace, il assèche aussi les tissus, ce qui amène une cicatrisation trop rapide, non optimale.

Si l'hygiène impeccable de cette zone reste fondamentale, les gestes sont donc désormais réduits au strict nécessaire : nettoyer au moment du bain, à l'eau et au savon comme le reste du corps et bien sécher ensuite, mais sans frotter. Préambule primordial et sur lequel on n'insistera jamais assez : il faut se laver les mains avec minutie avant de commencer tout traitement. En principe, si l'on effectue ainsi la toilette de l'ombilic avec soin, le risque qu'une infection apparaisse est très rare.

En revanche, des écoles différentes continuent d'exister en qui concerne l'usage des compresses pour protéger l'ombilic. Pour les uns, elles sont inutiles, la couche absorbant les sécrétions éventuelles, pour d'autres elles sont nécessaires pour éviter que le cordon soit contaminé par les urines. Parlez-en avec la puéricultrice ou votre médecin.

Bien-être et sommeil

Les phases d'éveil de tout nouveau-né sont de courte durée et son sommeil l'occupe de nombreuses heures, le jour comme la nuit. Il a besoin d'un climat de calme et de sérénité pour grandir. Pour vivre, aussi, en complicité et en harmonie avec ses parents qu'il découvre et qui le découvrent. En effet, rien de tel que d'être porté, câliné et réconforté pour se sentir heureux !

Masser son bébé

Depuis quelques années, masser les bébés est très tendance. Mais, plus que cela, il s'agit de communiquer avec son enfant autrement, hors du temps, loin des préoccupations quotidiennes. Un moment entre parenthèses, rien qu'à tous les deux. À condition qu'il le veuille bien, car il n'est pas question de le lui imposer selon notre seul bon vouloir. Son corps lui appartient et il se fatigue très vite, les premiers mois.

LE MATÉRIEL indispensable

- De l'huile de massage spéciale bébé sans arachide en cas d'allergie
- Un drap de bain pour envelopper bébé après le massage
- Une serviette-éponge douce pour essuyer le surplus d'huile une fois le massage terminé

La tête

Commencez par appliquer vos mains bien à plat sur le haut de sa tête, en les faisant délicatement peser de tout leur poids. Ainsi il se sent bien contenu, enveloppé. Élargissez ensuite le mouvement vers le front en alternant les deux mains puis faites de petits cercles lents et symétriques sur les tempes.

Le ventre

Des mouvements circulaires favorisent la digestion, et s'avèrent très bénéfiques pour soulager les coliques douloureuses des premiers mois. Si c'est le cas, pratiquez une légère pression circulaire et douce au niveau de l'abdomen en passant avec votre paume bien à plat.

Les jambes

Les mains entourent la jambe et descendent par petites pressions, à la fois douces et fermes comme si l'on voulait la déplier tout en effectuant un geste de « vissage ». On remonte des extrémités vers le corps, en insistant un peu sur l'articulation. On procède de la même manière pour les bras.

Les pieds

Il suffit d'envelopper son pied avec vos mains : l'une pratique de légers appuis sur le cou-de-pied et la voûte pendant que l'autre masse en remontant doucement jusqu'à la cheville. On peut ensuite frotter chaque orteil entre les doigts. Et terminer en faisant glisser une main tout le long de la voûte jusqu'au talon.

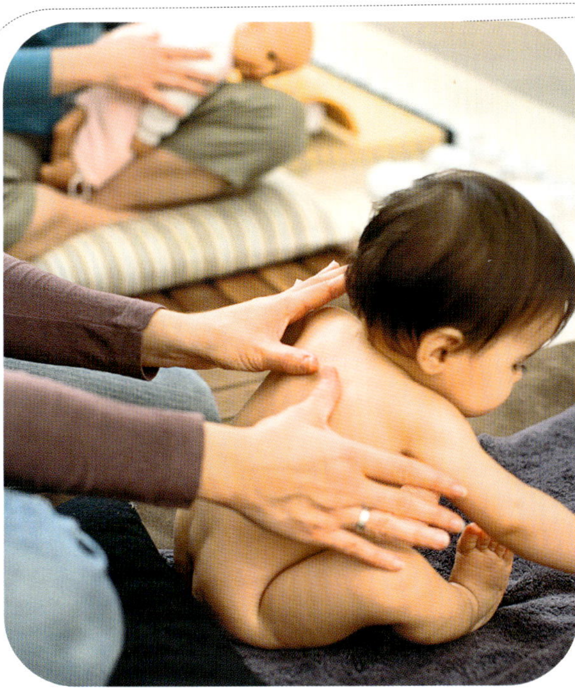

Le dos

Si le bébé est allongé, faites-le tourner en l'accompagnant, une main sur ses fesses, l'autre sur son ventre. Vos mains bien à plat sur son dos décrivent des mouvements de vagues très souples, l'une remplaçant l'autre, à tour de rôle. Puis, en partant du bas du dos, suivez le long de la colonne vertébrale avec les pouces jusqu'aux épaules.

Les épaules

Remontez le long des trapèzes, avec de petits gestes en papillon. Cela soulage les muscles du haut des épaules, très sollicités dès que le bébé commence à se relever sur ses bras ou se tient assis. Et détend la nuque qui se raidit lors des premières tentatives de redressement.

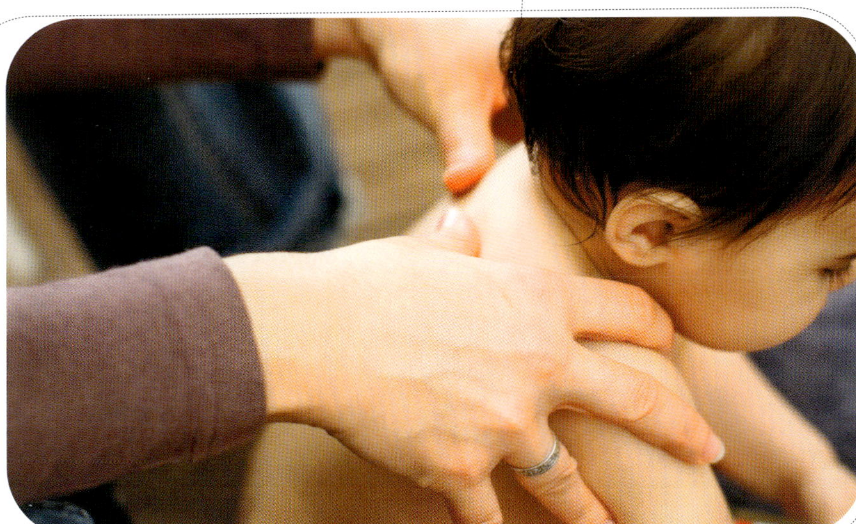

Questions-Réponses

Peut-on masser bébé dès sa naissance ?

Oui, pourquoi pas. Mais pas longtemps et seulement si votre nouveau-né va parfaitement bien et semble y prendre goût. Car rares sont ceux qui apprécient d'être nus dès leur naissance. Dans ce cas, tenez-le tout près de vous et laissez-le habillé d'un simple body couvrant son buste mais sous lequel vous pourrez glisser vos mains. Au premier signe de désagrément, arrêtez. En revanche, ne vous privez surtout pas du plaisir de faire des caresses à votre enfant, par exemple sur le visage ou les mains lorsque vous le portez dans vos bras. En effet, son sens du toucher est déjà très développé. Les grandes séances de vrai massage viendront plus tard. En Inde, où le massage est traditionnel, on le commence à partir d'un mois. C'est peut-être plus sage !

Pourquoi le masser ?

C'est important pour entretenir avec votre bébé un contact très étroit et privilégier les liens mère-enfant si importants pour la sécurité affective du tout-petit, très sensible à la stimulation tactile. Cela peut permettre notamment d'installer au mieux une relation rapprochée avec un bébé né par césarienne ou prématuré dont l'hospitalisation l'a éloigné de sa maman. De même, rien de tel pour favoriser les liens père-enfant : à cette occasion, tous deux vont apprendre à mieux se connaître, le papa va parler en douceur à son bébé qui captera toutes les intonations de sa voix ; l'enfant observera attentivement son visage, ses traits, autant qu'il appréciera le bien-être de ces massages de détente. Lorsqu'il sera âgé de quelques semaines voire de quelques mois, les massages permettront également à votre bambin de prendre conscience de son corps. Ils sont également un excellent moyen de soulager ses petits maux de ventre, si vous entreprenez des massages abdominaux doux.

Faut-il le masser assis ou allongé ?

Tout dépend de son âge. Les premiers mois, mieux vaut qu'il soit confortablement allongé, sur la table à langer, après les soins quotidiens (s'il n'est pas trop fatigué) ou sur le canapé ou encore un tapis bien moelleux, posé au sol. En effet, ses muscles seront ainsi parfaitement au repos, et sans avoir à gigoter, il sera plus concentré

ATTENTION ALLERGIE !

Pour faciliter le contact de vos mains sur la peau de bébé, une huile de massage est la bienvenue. Jusqu'à présent, la plus courante était l'huile d'amande douce, riche en vitamine E, favorable à la peau. Mais attention, celle-ci contient de l'arachide, potentiellement responsable d'allergies. Cette huile risque de sensibiliser prématurément votre bébé à l'arachide et, du coup, peut-être le rendre allergique ultérieurement. C'est surtout vrai si une sensibilité alimentaire à l'arachide existe déjà dans votre famille. Dans ce cas, mieux vaut s'abstenir et toujours utiliser une huile de massage hypoallergénique ou une crème hydratante spéciale pour nourrisson. Sinon, pas de problème.

sur les effets du massage. En revanche, dès qu'il se tient bien assis, qu'il est tonique et ne veut plus rester en place, le massage peut tout à fait être effectué assis, voire debout. Ainsi vous serez plus à l'aise sans l'empêcher de bouger, ce qui serait totalement contre-productif. Et lui sera plus libre de ses mouvements. À condition, bien sûr, qu'il ne risque pas de prendre froid. Veillez qu'il n'y ait pas d'air courant à hauteur du sol.

Combien de temps peut durer le massage ?

Pour un tout-petit, n'excédez généralement pas cinq à dix minutes, tant il n'est pas capable de se concentrer longtemps sur de nouvelles sensations et se fatigue très vite. De ce fait, masser son corps en entier dans la même séance paraît peu envisageable. Mieux vaut alors masser partie par partie ; les jambes, le ventre, le dos avec les bras, l'important étant alors de toujours procéder de façon symétrique (les deux bras, les deux jambes) et de le « rassembler » à la fin. C'est-à-dire de terminer doucement par un mouvement d'ensemble qui englobe tout son corps pour lui faire sentir qu'il forme un tout, et ne se sente pas éparpillé. En effet, au début l'enfant n'a pas vraiment conscience d'avoir un corps séparé de celui de sa maman. La construction de ce qu'on appelle son « schéma corporel » prend plusieurs mois. Au fil des semaines, la séance pourra se prolonger autant qu'il l'apprécie.

À quel moment s'y consacrer ?

Après le bain, lorsque bébé est « frais et dispos » par exemple. L'huile ou la crème dont vous oindrez son corps servira du même coup à nourrir sa peau si elle est un peu sèche. Mais n'entreprenez pas une séance de massage si votre bébé montre par exemple des signes de faim, de sommeil ou de fatigue. Ou si vous vous sentez vous-même « sur les nerfs ». Détendez-vous d'abord doucement, et là seulement vous constaterez que le massage de votre bébé vous procure, à vous aussi, un calme intérieur bénéfique. Si vous êtes pressée ou préoccupée, remettez à plus tard la séance. Les bébés sentent très bien nos propres émotions.

Quelles précautions prendre ?

Veillez surtout que votre bambin n'ait pas froid. Tout le plaisir du massage en serait gâché. Opérez dans une pièce bien chaude : au moins 22 °C, l'idéal étant 25 °C. Installez bébé sur une surface qui ne soit pas froide pour ne pas le surprendre désagréablement. Vous avez le choix entre un drap de bain, un coussin ou une couverture en tissu non synthétique, une serviette-éponge très moelleuse, etc. En fin de séance, pensez à ôter tout surplus d'huile de massage restant dans les plis de sa peau pour éviter une macération irritante.

Dans quelle pièce ?

Où vous voulez, si les conditions ci-dessus sont réunies. Cela peut se faire dans le salon sur un tapis, dans la chambre de bébé sur sa table à langer ou dans votre chambre. L'important est de donner au lieu une atmosphère propice au calme : un peu de pénombre et de la musique douce à faible volume sonore. Mais notez que plus l'enfant est petit moins il peut se concentrer longtemps. Aussi ne multipliez pas les sources de stimulation : musique, contact de la peau, voix... Les premières semaines, préférez le masser dans le silence.

Dois-je apprendre les gestes comme un professionnel avant de pouvoir masser mon bébé ?

Non. Seuls points importants : faites en sorte que vos mains glissent sur la surface de sa peau, sans appuyer sur des organes ni sur la colonne vertébrale. Vos gestes doivent être lents, de faible amplitude, pour que bébé

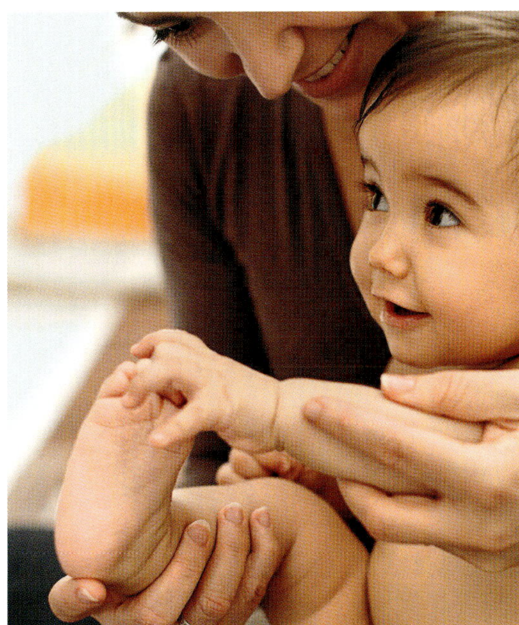

ne soit pas submergé, stimulé à l'excès par trop d'informations parvenant en même temps à son cerveau. Et enveloppants pour le rassurer. Sachez aussi qu'il vaut mieux toujours garder le contact pendant le massage. Aussi, lors que vous faites des mouvements en alternance, une main doit toujours rester posée doucement sur son corps. De même, il faut éviter de ne masser qu'un côté (un bras, une jambe...) car l'enfant doit sentir sa symétrie. Et terminez toujours par un mouvement qui « rassemble » son corps entier.

Est-ce indispensable à son éveil ?

Les massages participent à son éveil comme tout ce qu'il vit à chaque instant. Mais, vraiment, n'y voyez aucune obligation. Ne vous dites pas : « C'est l'heure de son massage » comme s'il s'agissait d'une contrainte. Si vous en avez le temps et l'envie, des mouvements de massage peuvent prolonger le change ou la toilette ; sinon, n'insistez pas ! Si vous ne vous sentez pas à l'aise dans ce « corps-à-corps », ne vous forcez surtout pas. Votre bébé s'éveille de mille autres manières, et tout autant en vous entendant murmurer une berceuse.

À quel signe arrêter la séance de massage ?

Vous apprendrez vite à reconnaître le moment où votre bébé en a assez. Il détourne la tête, se met à faire la grimace, recroqueville les jambes, geint, ou encore s'énerve pour de bon. Mais il peut aussi devenir non réceptif, être en proie à une très grande fatigue qui le rend visiblement léthargique. Au moindre signe de lassitude, faites un dernier mouvement de « rassemblement » de son corps et arrêtez bien vite.

Que faire après le massage ?

Observez bien votre bébé. Le massage stimule souvent les fonctions de l'organisme, digestives notamment. L'enfant peut avoir faim ou soif. Il peut aussi avoir été fatigué par ces nouvelles sensations qu'il a dû décoder. Laissez-le au calme pour qu'il se repose, voire qu'il s'endorme. En effet, le massage favorise le sommeil. Il est donc très bénéfique aux bébés nerveux.

Le point sur...
les huiles essentielles

La mode et l'intérêt toujours plus grands des jeunes parents pour le massage des tout-petits s'accompagnent d'un grand développement de crèmes et d'huiles spécifiques pour les bébés. La plupart bio ou 100 % naturelles, voire à base d'huiles essentielles. Elles apportent un petit « plus » puisqu'elles permettent aux mains de glisser avec plus de souplesse sur la peau fine et fragile du nourrisson.

Toutefois, « naturel » n'est pas forcément synonyme d'inoffensif. Notamment en matière d'huiles essentielles. Celles-ci sont très fortement concentrées en actif, dont l'effet varie selon la plante dont il est extrait. Sachant que la peau du bébé particulièrement fragile et fine laisse pénétrer la plupart des substances qu'on y applique, ces huiles peuvent avoir quelquefois des conséquences dramatiques, dont des cas d'accidents graves d'intoxication.

Conclusion : ne confondez pas une lotion à base d'huile végétale (au sésame bio, à la rose par exemple), inoffensive pour un bébé à condition qu'elle soit formulée spécialement pour lui. Et une huile essentielle pure ou en extrait qui peut se révéler un vrai poison pour le nourrisson. Et, dans tous les cas, testez toujours le produit sur une toute petite partie de sa peau (sur l'avant-bras, en général) 24 heures avant de le masser. À la moindre réaction cutanée, abstenez-vous.

Porter son bébé

Vos bras, rien de tel pour se sentir bien. En connexion avec vous. Car, lorsqu'il ne dort pas, le bébé a besoin de vous, de votre proximité. Vous êtes sa seule référence. Aussi, en dehors du transat ou de sa chaise haute qui prennent le relais quelques minutes par jour, vos bras constituent son seul vrai refuge. Mais un nourrisson se porte différemment selon les moments de la journée. Selon qu'il est bien éveillé ou au contraire a besoin d'un câlin rassurant. Pour qu'il se sente en sécurité dans vos bras, certains réflexes et gestes précis s'imposent. Et yeux dans les yeux, à l'écoute l'un de l'autre, la communication passe !

En berceuse

Voilà la position traditionnelle dite « en berceuse » pour porter au mieux un nourrisson. Bien calé dans le creux des bras, on peut le bercer, lui donner le sein, ou bien se déplacer avec lui en toute assurance. Veillez que sa tête soit toujours plus haute que ses fesses.

QUAND BÉBÉ TIENT-IL SA TÊTE ?

- **À un mois** déjà, si vous tirez doucement bébé vers vous en le tenant en position assise, sa tête suit le mouvement et bébé peut la tenir un très bref instant à la verticale.
- **À six semaines** : lorsqu'il est sur le ventre, bébé relève sa tête en même temps que son corps au niveau des épaules, durant une petite minute. Et couché sur le dos, comme c'est la règle pour sa sécurité, il tourne la tête de droite et de gauche et peut tenter de la relever.
- **À partir de la huitième semaine**, ses muscles se raffermissent plus visiblement. Résultat : il acquiert du tonus. Lorsque vous le tenez assis sur vous, sa tête est déjà moins ballante. Il fait même des efforts pour l'empêcher de retomber et la tenir dans l'alignement de son corps.
- **Vers deux mois,** si vous placez votre bébé à plat ventre, vous le verrez maintenir sa tête dans l'alignement de son corps, et même la soulever pendant un bref instant.
- **Un mois plus tard,** il la gardera soulevée un moment en appui sur ses avant-bras. Et c'est vers quatre mois qu'il tiendra bien sa tête dans l'axe de son corps. Mais pas d'imprudence pour autant !

Face à soi

Lorsqu'on le porte debout, il faut toujours plaquer l'enfant contre soi et surtout bien lui soutenir les fesses avec un bras (il est assis en fait !) et l'autre main largement ouverte sur ses épaules. Du coup, l'enfant trouve naturellement assez vite son propre équilibre.

Face au monde

En balancelle, à partir de trois mois, il ne vous voit pas mais, en appui contre votre buste et « bloqué » par vos bras, il se sent parfaitement rassuré. Avec un peu d'entraînement, on peut le tenir ainsi en étant debout. Façon maman kangourou !

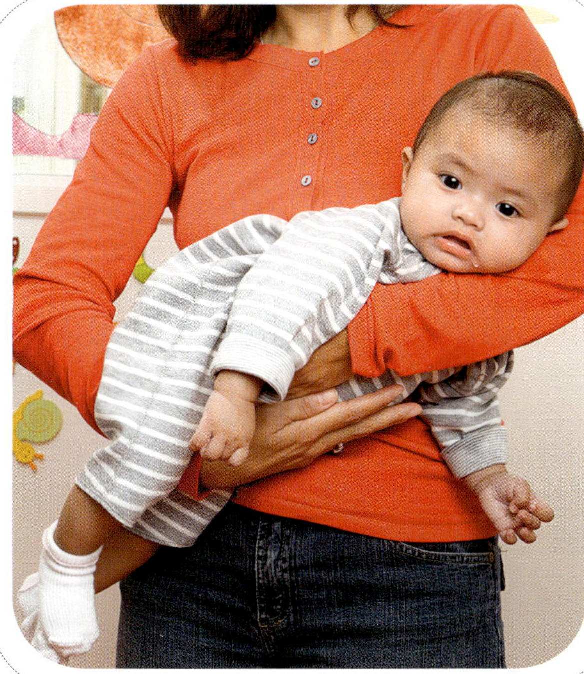

À califourchon

C'est amusant pour le bébé de faire l'avion à califourchon sur votre bras (il s'y enroule assez naturellement), et en plus utile pour calmer les petits maux de ventre des premières semaines. Placez bien sa tête dans le creux de votre coude et ses bras de chaque côté.

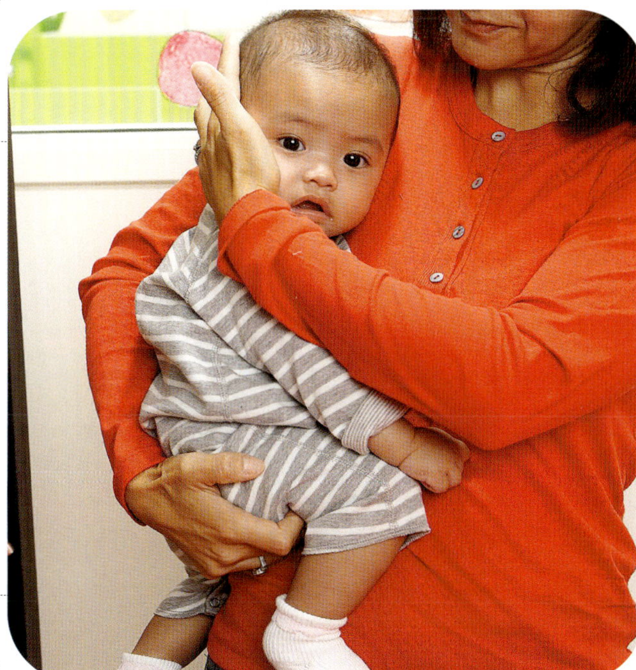

Sur la hanche

Lorsque l'enfant commence à grandir et à peser plus lourd, le porter sur la hanche fatigue moins votre dos et permet de descendre ou de monter plus facilement un escalier par exemple (on peut ainsi voir nos pieds !).

Questions-Réponses

Lorsqu'il s'agite dans mes bras, j'ai peur de le laisser tomber...

Il est tout à fait normal que vous ayez de l'appréhension ou de la nervosité les premières fois où vous prenez votre bébé dans vos bras. En fait, le risque est minime. Mais sachez que la façon dont vous le portez est importante : elle doit le rassurer. Pour cela, vous devez le placer en contact étroit avec vous d'un geste tendre mais ferme. S'il vous sent mal assurée, il risque de se raidir, de redoubler ses pleurs et son agitation, car lui non plus ne se sentira pas très en confiance !

Y a-t-il une position idéale pour les nouveau-nés ?

Quelle que soit la position que vous adoptez, vous devez toujours, les premiers mois, veiller que votre nouveau-né soit porté de façon confortable et la moins stressante pour lui. En fait, jusqu'à trois mois, il faut respecter le plus possible sa posture de base, celle qu'il avait à la naissance. C'est-à-dire l'enroulement naturel de sa position fœtale : jamais la tête, les bras ou les jambes en hyperextension mais, au contraire, le corps comme « regroupé » sur lui-même, en boule. Concrètement, pensez à ramener ses bras contre vous plutôt que d'en passer un dans votre dos lorsque vous le portez face à vous ou en berceuse. De même, placez toujours une main ou un bras sous ses fesses, pour le sécuriser sur son axe vertébral et qu'il ne se sente pas porté « dans le vide ».

Ne deviendra-t-il pas capricieux si je le prends dès qu'il pleure ?

Un nouveau-né n'est pas capricieux, il n'a pas non plus mauvais caractère. S'il pleure, c'est qu'il a besoin de vous. Il a faim, mal quelque part, il est mal à l'aise, il veut être changé ou tout simplement il s'ennuie ! Certes, rien ne vous oblige à le sortir de son lit sans avoir identifié la cause de ses pleurs. Mais si vous en avez envie, ne vous en privez pas. Vos liens n'en seront que plus forts, votre bébé d'autant mieux sécurisé que vous aurez répondu à ses appels les premiers mois.

Berce-t-on encore les enfants ?

Chaque parent doit agir selon son envie, son caractère, sa disponibilité. Mais il est évident que bercer bébé dans vos bras, en un mouvement régulier de balancier, convient parfaitement à votre nouveau-né et le laisse sous le charme, apaisé. Enveloppez-le largement de vos bras, comme dans un cocon sécurisant. Et chantez si le cœur vous en dit, à voix basse, les berceuses qui vous reviennent en mémoire, pour le calmer avec votre voix. Vous le verrez sûrement capter votre regard et s'y accrocher, comme captivé par ce tête-à-tête complice.

Est-il possible de porter mon bébé qui vient de naître dans un porte-bébé ?

Oui mais... Oui, ce système de portage est un mode de transport et de tenue formidable pour bébé car il vous permet à tous deux de garder un contact étroit. Porté à la manière des kangourous, votre bébé est sécurisé par la chaleur de votre corps, et tout content d'être ainsi bercé tout contre vous, au rythme de vos mouvements et des battements de votre cœur. Mais trop souvent on voit des nouveau-nés de quelques jours la tête pendant hors d'un porte-bébé mal adapté. Ne l'installez donc pas dans n'importe quel modèle. Assurez-vous que le porte-bébé est destiné aux nouveau-nés et que sa forme s'adapte parfaitement à sa taille. S'il ne comporte pas de dossier très élevé, vous devez soutenir sa tête avec votre main en permanence. Vérifiez aussi que face à vous, collé contre votre buste, votre tout-petit pourra respirer librement, sans avoir la tête enfouie dans le tissu de vos vêtements (surtout les manteaux épais, l'hiver !). Enfin, veillez à ne pas le laisser trop longtemps dans son « kangourou ».

J'ai le dos fragile, comment l'épargner lorsque je prends bébé dans mes bras ?

Voilà une méthode efficace pour ne pas vous faire mal au dos : lorsque vous vous penchez pour sortir votre enfant de son lit par exemple, ne le tenez pas à bout de bras en vous relevant mais veillez au contraire à bien le plaquer contre vous avant de redresser le buste. Pensez également à vous positionner bien face à lui lorsque vous devez le soulever, et non de biais : vous ne devez pas vriller le buste en même temps que vous vous relevez. Et, surtout, accroupissez-vous plutôt que de pencher le buste en avant.

Il sursaute dès que je l'éloigne de moi, pourquoi ?

Mettez-vous à sa place : vous le portez tout contre vous, bien au chaud, et tout à coup vous l'abandonnez sans qu'il soit prévenu. Voilà de quoi être surpris quand on est si petit ! Aussi, lorsque vous vous en séparez pour le poser dans son lit ou son transat, pensez toujours à le faire avec une extrême douceur, d'un geste lent et progressif, et accompagné de paroles rassurantes.

Puis-je le porter sur la hanche ?

C'est la position idéale pour voir vos pieds en marchant ou en montant les escaliers. Cela permet de l'envelopper tout en lui faisant découvrir le monde qui l'entoure. Mais aussi si vous souffrez du dos : le poids de bébé portera alors sur vos jambes et non sur la colonne vertébrale. Mais vous ne pourrez adopter cette position que vers trois mois, lorsque votre enfant, bien tonique, saura bien tenir sa tête seul, son dos bien droit. Justement au moment où il commencera à peser vraiment lourd ! Ne sollicitez pas toujours la même hanche, alternez de côté.

Comment choisir le porte-bébé d'un nouveau-né ?

Votre bébé devra pouvoir y être confortablement installé face au monde, le dos contre votre torse, vers quatre mois, alors que les premiers mois, il se tiendra lové son petit visage contre vous, bien enveloppé en un cœur à cœur rassurant. Les critères de confort pour votre tout-petit : le porte-bébé doit assurer une bonne assise, les jambes un peu fléchies et les hanches bien maintenues, avec un entrejambe parfaitement ajusté à la taille de bébé. Il doit être très enveloppant, maintenir fermement son dos et être doté d'une têtière haute et enveloppante pour soutenir efficacement sa nuque.
Enfin (et surtout), vous devez pouvoir doucement le dégrafer sans réveiller ni déranger votre tout-petit. Il doit aussi être pratique à mettre et à ôter sans l'aide d'une autre personne. Les critères de confort pour vous : des bretelles larges (au moins 4 cm) et très rembourrées qui ne scient pas les épaules.

À noter : les porte-bébés ventraux sont conçus selon les normes françaises et européennes (NF/EN 13209-2) pour convenir à partir du moment où l'enfant pèse 3,5 kg. Dès la naissance donc pour nombre de bébés nés à terme, mais seulement après quelques semaines pour ceux nés « poids plume » ou prématurés.

TOUJOURS SOUTENIR SA TÊTE

C'est très important. À la naissance, votre bébé est totalement incapable de tenir tout seul sa tête droite. Celle-ci est effectivement très volumineuse par rapport au reste du corps. Elle est également proportionnellement très lourde. En fait, elle représente le quart de la longueur du corps de bébé (deux fois moins chez l'adulte) et approximativement 35 % du volume de l'ensemble de son corps. On comprend qu'il ait beaucoup de mal à la porter lui-même alors que ses muscles du dos et de la nuque ne sont pas encore efficaces ! Il est donc indispensable de toujours maintenir la tête de votre tout-petit pour éviter qu'elle ne retombe en avant ou en arrière, voire sur les côtés. Pour cela, il faut toujours placer doucement une main derrière sa nuque afin de le sécuriser lorsque vous l'avez dans les bras ou lorsque vous le changez de position. Et ce au moins jusqu'à trois mois, l'âge où il sera capable de la tenir seul.

Pour ne pas faire souffrir sa nuque

À chaque instant de la journée et lors de chaque soin, faites très attention et procédez avec délicatesse. Ainsi pour le sortir de son lit ou le relever de la table à langer, commencez par glisser une main sous sa nuque et l'autre sous ses fesses. Et en même temps que vous vous redressez, rapprochez d'abord sa tête et son buste de vous, gardez-le « en boule » tout collé contre vous, au lieu de le relever à l'horizontale et à bout de bras, dans le vide.

Astuce : en essayant de capter son regard, vous rapprocherez presque sans y penser son visage du vôtre, ce qui vous empêchera naturellement de laisser sa tête basculer en arrière. En fait, en exagérant un peu, on pourrait dire que vous ne devez jamais priver sa nuque de votre soutien les premières semaines.

Le point sur… le porter en écharpe

À côté des porte-bébés habituels, on voit aujourd'hui de plus en plus de mamans (et de papas !) porter les tout-petits « à l'africaine ». Dès lors, les bébés sont bien enroulés dans un grand tissu qui les « scotche » au porteur. Associations et ateliers se multiplient ainsi que les marques qui en diffusent.
Un mode de portage tendance cool, qui symbolise aussi un certain mode de vie et s'accompagne d'un état d'esprit prônant le retour à plus de naturel, à une simplicité maximale.

Les avantages

Les mamans qui l'utilisent apprécient le contact très « peau à peau » qu'il procure avec le tout-petit, la protection des nouveau-nés vis-à-vis de l'extérieur, sa facilité d'emploi et le fait qu'on l'a toujours sous la main.
Lorsqu'on ne s'en sert pas pour porter l'enfant, il devient une étole bien confortable ! Et, bien sûr, sans oublier l'intérêt de pouvoir allaiter le bébé lové dans l'écharpe. En effet, si certains porte-bébés du commerce offrent aussi cette possibilité en pouvant s'incliner, l'écharpe, vue son ampleur, permet une plus grande discrétion.

La technique

Croisé, en kangourou, en berceau…, l'écharpe se noue de façon différente selon l'âge du bébé et le genre de sortie envisagée. Pour être sécurisant et surtout efficace, ce mode de portage nécessite une initiation. Au minimum les explications livrées avec le tissu, au mieux, des ateliers d'apprentissage. En effet, pas question d'hésiter ou d'embrouiller les pans de tissu au moment de sortir. Sachant aussi que, si l'écharpe est mal ajustée, le dos du porteur doit compenser le poids alors que, bien mise, celui-ci se répartit naturellement.

Le matériel

Il existe plusieurs modèles, de longueurs variées selon l'usage. De 2,60 m à 4,60 m voire plus, la plus longue permettant de réaliser toutes les positions, la plus courte servant surtout au portage d'appoint dans le dos lorsque l'enfant a grandi.
L'important : veiller à la qualité du tissu qui doit être enveloppant sans se détendre lors du portage ni après lavage. Le mieux : le tissé sergé croisé, à la fois élastique et costaud. Côté matière, il en existe en coton bio mais aussi en bambou très absorbant et en soja, très résistant. Inutile de prévoir des modèles différents selon les saisons.
La durée d'utilisation : il n'est pas prévu de poids maximum. Tout dépend donc de la capacité du porteur… et de l'envie de l'enfant d'être ainsi transporté ou pas. À partir du moment où il commence à marcher, l'écharpe prend le relais juste quand il est fatigué.

À noter : les adeptes du portage en écharpe affirment également qu'il est davantage physiologique, le bébé n'ayant pas les jambes pendantes. Ils reprochent aussi aux porte-bébés du commerce de tenir l'enfant assis en force sur l'entrejambe, avec compression des parties génitales. Les nouveaux modèles très perfectionnés et ergonomiques évitent cet écueil. En revanche, pour respecter l'écartement des hanches du nouveau-né, mieux vaut ne pas l'allonger dans l'écharpe installée « en hamac » les premiers mois. Ses jambes, serrées l'une contre l'autre, n'assurent pas au bassin une position naturelle (ni en « crapaud » ni complètement parallèle).

Calmer son bébé

Il est toujours difficile de savoir pourquoi un nouveau-né pleure ou s'énerve. Les premières semaines, pas question de le laisser avec son chagrin sans le consoler. Une fois vérifié qu'il n'a pas faim et qu'il n'est pas gêné par sa couche mouillée ou incommodé par son environnement (lumière, pénombre, bruit, froid, chaleur...), voici quelques pistes pour le soulager. Des techniques qui toutes doivent s'accompagner d'une grande disponibilité de votre part, et d'un échange de regards et de paroles favorables à l'apaisement du bébé. Si vous vous énervez, il le sentira et ne se calmera pas du tout !

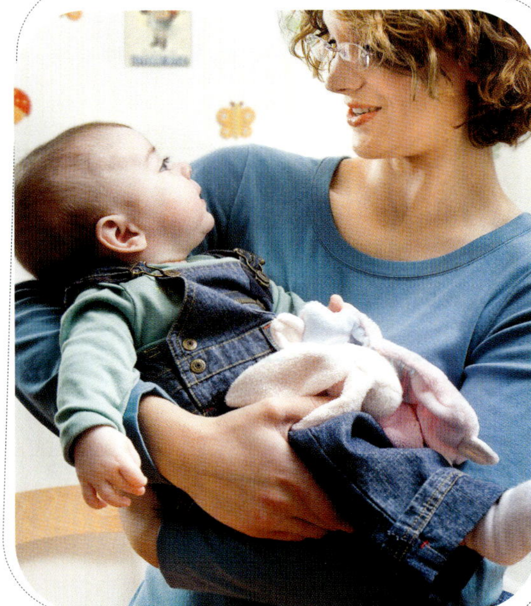

LE MATÉRIEL indispensable

- Vos bras !
- Un porte-bébé ventral
- Une écharpe de portage avec mode d'emploi d'installation pour éviter les erreurs
- Une sucette nouveau-né
- Un anneau de dentition
- Une boîte à musique pour bébé
- De la musique classique ou autre, que vous appréciez, à bas volume et peu de temps d'affilée

En cas de reflux

Pour soulager un léger reflux gastrique ou lorsque le bébé est gêné par un rot récalcitrant, on peut le tenir bien droit sur son axe vertébral, calé contre soi, le ventre bien plaqué en appui, ce qui va dégager au mieux ses voies digestives.

Mal de ventre

Contre les fameuses coliques du nourrisson des premières semaines, voici une technique éprouvée : quand il est bien réveillé (juste après le repas, par exemple), portez-le à califourchon. Son ventre pèse alors de tout son poids sur votre main ouverte.

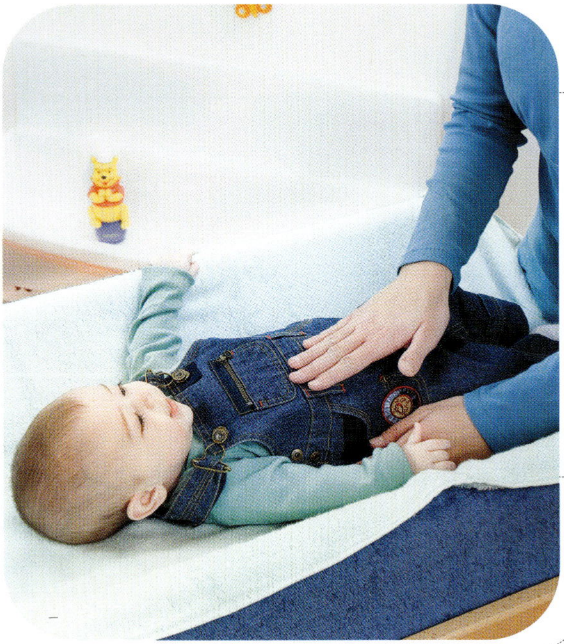

Quand il s'agite

Il est allongé, prêt à dormir, mais recroqueville les jambes, se tortille... : il a des gaz ou de petits problèmes de digestion, fréquents au début. Massez son ventre, main bien à plat dans le sens des aiguilles d'une montre ou en sens inverse en cas de diarrhée.

Besoin de téter

Un bébé a un besoin de succion plus ou moins important. Les premiers jours, la tétée (ou le biberon) peut ne pas le combler si ce besoin est intense. Lui donner une sucette sert à l'apaiser, voire à atténuer la douleur de petits bobos éventuels (gencives sous pression...).

En peau à peau

Le nouveau-né se sent parfois seul dans son lit où, à la tombée de la nuit, il pleure et semble inconsolable. Portez-le en écharpe ou en porte-bébé et parlez-lui doucement. Il sent vos battements du cœur, il est bercé au gré de vos pas, cela le rassure.

Trop stimulé

Énervé, fatigué, il ne trouve pas le sommeil : mieux vaut le laisser dans son lit, le reprendre dans les bras retarderait son coucher. Prévoyez juste un petit massage de la tête au niveau des tempes et de la fontanelle (elle ne craint rien). Effet relaxant garanti !

Questions-Réponses

Pourquoi bébé pleure-t-il ?

C'est sa façon de s'exprimer. Sa vie est riche de sensations nouvelles, d'événements marquants que vous ne remarquez peut-être même pas. Mais pour lui, chaque jour amène son lot de découvertes « déboussolantes », voire stressantes, ou tout simplement fatigantes, qu'il compense ou exprime par les seuls moyens dont il dispose : gestes et voix. Autre élément à prendre en compte : la vie de votre bébé dépend de besoins qu'il ne peut satisfaire seul. Il doit donc vous appeler, attirer votre attention afin que vous preniez soin de lui au moment opportun.

Va-t-il pleurer souvent ?

Jusqu'à trois mois, attendez-vous à ce qu'il pleure beaucoup : jusqu'à près de 3 heures par jour ! C'est éprouvant même si vous savez que cela est normal et naturel. Mais on rencontre parfois des enfants particulièrement sereins, qui pleurent ou qui s'énervent très rarement. Question de caractère !

Je me sens désarmée lorsqu'il pleure. Que faire ?

En toute circonstance, essayez de garder votre calme et de maîtriser votre anxiété pour ne pas la lui transmettre car si vous vous énervez, bébé le sentira et cela risque de faire « boule de neige ». Au contraire, parlez-lui tout doucement, et préservez une atmosphère sereine. Envisagez même de le placer dans la pénombre, surtout s'il pleure d'énervement ou de fatigue. Un climat apaisant peut faire venir le sommeil tant attendu. Tous les jeunes parents connaissent l'angoisse de ne pas savoir interpréter le sens des pleurs de leur nourrisson. Ce sentiment d'impuissance s'estompe au fur et à mesure que l'on acquiert de l'assurance. Mais gardez à l'esprit qu'aucun parent n'est parfait. C'est aussi par le fait que ses parents ne répondent pas forcément à sa demande que l'enfant va apprendre à se consoler tout seul, à grandir et à devenir plus tard autonome.

Dois-je accourir dès ses premiers pleurs ?

Tant qu'il est tout petit, pleurer lui sert de langage ! C'est le moyen qu'il a à sa disposition pour vous parler, pour vous avertir de ses sentiments, tout simplement ! Il a besoin de savoir que vous êtes là pour le rassurer

en toute occasion. Ne vous en faites pas, dans quelques jours, quelques semaines, vous apprendrez à interpréter ses pleurs, ses cris et ses mimiques. En attendant, suivez votre instinct et votre bon sens.

Ou au contraire pleurer lui fait-il du bien ?

Fini le temps où l'on prétendait que laisser pleurer un bébé « lui faisait les poumons » ! Ne le laissez pas pleurer pendant 10 minutes sous prétexte que ce n'est pas encore l'heure du biberon ! Au contraire, répondre à ses attentes, à ses besoins, ne peut que le rassurer sur votre capacité à le protéger.

Je ne comprends pas pourquoi mon bébé ne cesse de hurler.

Faites le tour de toutes les « bonnes » raisons pour lesquelles votre tout-petit peut pleurer : a-t-il faim, a-t-il soif, n'est-il pas mouillé, n'a-t-il pas de fièvre, a-t-il trop chaud, trop froid ? Lorsque vous aurez répondu à toutes ces questions par la négative, essayez de le détendre par un petit massage ; bercez-le dans vos bras en chantant une petite ritournelle. Et finalement, tentez de le recoucher dans son lit. Peut-être est-il seulement épuisé, fatigué nerveusement par toutes les stimulations qu'il a reçues aujourd'hui. Laissez-le pleurer quelques minutes, il y a de fortes chances pour qu'il s'endorme de lui-même, le calme revenu. Et évitez alors de vous précipiter trop souvent (ou faites-le très discrètement) pour voir si tout va bien ou le prendre dans vos bras, vous ne feriez que retarder l'arrivée du sommeil.

Peut-on reconnaître les motifs d'énervement ou de pleurs ?

Oui, l'observation quotidienne de votre bébé vous permettra rapidement et intuitivement de comprendre la plupart de ses pleurs. Sachant tout de même que chaque bébé a son propre caractère, voici quelques pistes générales pour vous guider :

- les cris de faim sont francs et sonores ;
- ceux qu'il produit quand le sommeil tarde à venir ressemblent plus à des grognements ;
- ceux dont l'intensité et le rythme vont en ralentissant peu à peu annoncent que le sommeil est proche. Ne le dérangez pas, il s'endormira très vite ;
- s'il ressent une douleur, ses cris sont soit stridents, soit plaintifs, et ne se calment pas lorsque vous prenez votre enfant dans vos bras ;
- enfin, à partir de deux mois, de petits cris brefs sans caractère d'alarme peuvent signifier qu'il veut attirer votre attention. Soyez à son écoute.

Pourquoi pleure-t-il et s'agite-t-il tous les soirs vers la même heure, sans raison apparente ?

Ne vous inquiétez pas, ces pleurs sont connus des médecins. Dits « pleurs de décharge », ils apparaissent en fin de journée, entre chien et loup, sans raison apparente. Ils semblent permettre au tout-petit d'évacuer les stimulations de la journée. Son système d'éveil s'est emballé et il ne sait plus comment l'arrêter. On les baptise aussi parfois « fausses coliques ». Rien à faire si ce n'est un bon gros câlin rassurant. Si rien n'y fait, vous pouvez essayer de le laisser dans la pénombre, soit dans vos bras soit dans un lieu où il se sent en sécurité, comme son couffin par exemple. Massez-lui la tête, cela peut l'aider. Mais il arrive qu'il reste malgré tout inconsolable. Les pleurs prendront fin d'eux-mêmes, la crise de mal-être passée. Quoi qu'il en soit, prenez un peu de patience puisqu'ils disparaissent généralement vers l'âge de quatre mois.

Il tombe de sommeil, mais il résiste au point de s'énerver…

Votre bébé tombe de sommeil… mais il ne le sait pas ! Il s'agite en tous sens pour trouver le sommeil. Essayez de le calmer sans le sortir de son lit, puis, si rien n'y fait, portez-le emmailloté dans une couverture ou une grande serviette-éponge éventuellement bien tiède. Ainsi lové, il va se sentir en sécurité comme dans un cocon. Cela « marche » pour certains enfants. Tentez !

Puis-je donner un biberon d'eau pour calmer mon nouveau-né ?

C'est une très bonne idée. Cela va l'apaiser car votre bébé a un grand besoin naturel de succion, surtout les premiers mois, mais pas systématiquement. Et, surtout, ne laissez pas le biberon à sa portée.

Puis-je lui donner une sucette pour le calmer ?

Si vous n'êtes pas opposé par principe à la sucette, n'hésitez pas à la lui proposer. En effet, fini le temps où l'on voyait cet objet d'un mauvais œil. De nombreuses études l'ont réhabilitée ces derniers temps. Elle satisfait un besoin de succion important et naturel (même vital !) chez les nouveau-nés. Et du coup, apaise ses tensions. D'ailleurs, les Anglo-Saxons appellent les sucettes des « pacifier » c'est tout dire ! Reste à en faire un usage modéré, à certains moments du jour ou de la nuit et non en permanence où elle jouerait le rôle inverse : empêcher l'expression du nourrisson.

J'ai tout essayé, mais rien ne parvient à le calmer. Quelle solution envisager ?

Si vous avez l'impression que votre bébé pleure trop souvent, demandez conseil à votre pédiatre.

Et s'il faisait un caprice ?

Non. Souvenez-vous en permanence qu'un bébé ne fait pas de caprices ! Vous ne devez pas non plus le soupçonner d'avoir un mauvais caractère. S'il pleure, c'est qu'il a quelque chose à vous dire.

J'ai parfois l'impression qu'il s'ennuie. Est-ce possible ?

Oui, les bébés s'ennuient parfois, lorsqu'ils sont déjà trop grands pour passer des heures dans leur lit mais encore trop jeunes pour rester longtemps hors du lit. Ils veulent tout naturellement découvrir le monde, être avec vous, mais ne savent pas l'exprimer autrement qu'en geignant. Si votre bébé semble s'ennuyer, placez-le de temps à autre dans un transat confortable pour son petit dos. Ou, mieux encore, dans un porte-bébé ou une écharpe de portage pour qu'il soit tout contre vous en sentant le rythme de vos pas. Et promenez-le avec vous dans la maison. Peut-être manque-t-il tout simplement de contact avec vous ?

Peut-il « piquer » une colère alors qu'il n'a qu'une semaine ?

Oui ! Si la tétée ou son biberon tardent à venir alors qu'il a une grande faim, il peut hurler, et même très fort ! Par réflexe vital... C'est normal, ne vous inquiétez pas.

Est-ce une démission si je le confie à son père quand je ne parviens pas à le calmer ?

Rien ne « marche », vous sentez que vous allez craquer ? Vous avez raison, le fait de changer de bras, que ce soit ceux du papa, de la grand-mère ou de la nounou, peut s'avérer tout à fait efficace pour le calmer. Et bénéfique aussi pour vous car cela vous permettra de vous apaiser avant de reprendre un instant plus tard le dialogue avec votre bébé, sur de nouvelles bases !

À trois mois, mon bébé pleure encore beaucoup. Que faire ?

À cet âge, vous pouvez tenter des diversions variées : la musique, un tableau d'éveil, un bain avec des jeux, le faire changer de pièce, de lieu. Enfin, certains bébés ne se calment que confortablement installés dans leur siège auto, la voiture familiale roulant à travers la ville ! C'est logique, les vibrations et le ronronnement du moteur aidant, ils s'endorment. Courage. Mais attention : dès que le moteur du véhicule est éteint, les hurlements reprennent souvent !

Y a-t-il des bébés plus pleureurs que d'autres ?

Oui. Tout dépend de leur caractère, calme ou plus nerveux. En outre, les enfants qui souffrent de régurgitations fréquentes par exemple semblent plus irritables que les autres, du fait de leur digestion un peu difficile. Si c'est le cas de votre nouveau-né, soyez très attentive au moment du repas. Veillez à ce qu'il se déroule dans une ambiance calme et détendue, qu'il n'avale pas trop d'air (la tétine du biberon doit toujours être entièrement remplie de lait). Attendez patiemment qu'il ait

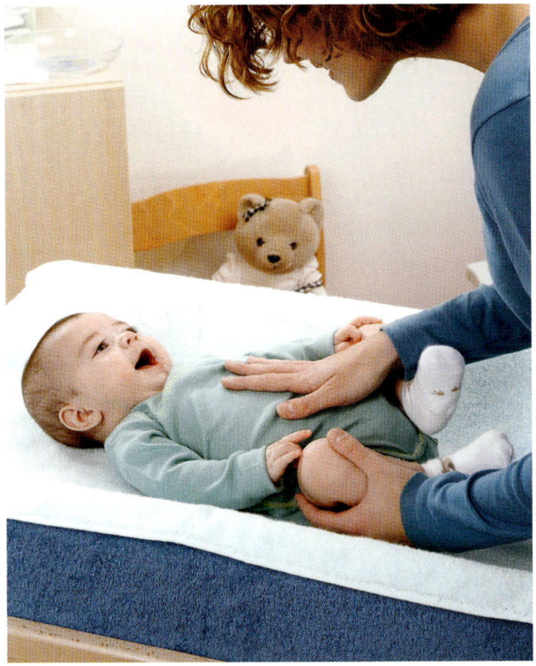

fait son rot et manipulez-le aussi peu que possible après son biberon ou la tétée.

Depuis qu'il va à la crèche, j'ai l'impression qu'il pleure davantage...

Le fait de changer de mode de vie et d'univers (qu'il s'agisse de la crèche ou d'une nourrice) et d'avoir une vie un peu trop mouvementée le rend peut-être plus sensible. Malgré son nouveau mode de garde, veillez à le coucher dès que le sommeil s'annonce, même si vous avez l'impression de ne « pas en avoir assez profité » le soir... Il est possible aussi que le bruit, l'animation de la journée ou une trop grande stimulation le fatiguent. Calmez le jeu en rentrant le soir. Ne lui proposez pas de nouveaux jeux d'éveil, mais plutôt de gros câlins.

Il est fréquemment sujet aux fameuses « coliques du nourrisson », que faire ?

Elles apparaissent vers deux semaines et cessent généralement le troisième mois. En fait, il n'est pas facile pour votre tout-petit de digérer avant l'âge de six mois. Son ventre gargouille et il se tortille en tous sens, occasionnant une gêne et des pleurs difficiles à apaiser. Pour le soulager, installez-le bien calé contre vous en appui sur vos bras. Si cela ne passe pas, massez-lui doucement le ventre.

Le point sur…
le retour de l'emmaillotage des bébés

Depuis des décennies, on ne lange plus les bébés comme des « saucissons » pour éviter qu'ils ne bougent. On ne les bandelette plus façon momie comme au Moyen Âge. Libérer les mouvements et l'esprit a été le mot d'ordre ces dernières années. Pourtant, puéricultrices, sage-femmes et pédiatres préconisent d'envelopper les bébés lorsqu'on les porte ou les soigne. Et la tradition de l'emmaillotage nous revient *via* les États-Unis où il est supertendance, sous le nom de *wrapping*.

Le besoin d'être contenu

On dit souvent que les nouveau-nés n'apprécient pas du tout d'être nus ou laissés totalement libres de leurs mouvements les premiers temps. Ils préfèrent naturellement se sentir contenus. Il suffit de faire l'expérience de mettre un bébé à bout de bras dans les airs pour le voir se raidir désagréablement. C'est vrai pour le lieu où il dort qui ne doit pas être trop grand, disproportionné à sa taille tant il se sentirait perdu. C'est vrai aussi de l'enveloppe charnelle du nouveau-né.
Habitué pendant ses mois passés dans le ventre maternel à avoir une coque protectrice, le tout-petit se retrouve facilement en insécurité à l'air libre. D'où la nécessité de le couvrir en l'enroulant dès la sortie du bain par exemple, dans son drap de bain bien tiède. C'est rassurant pour lui de sentir toujours sur sa peau un « contenant », un bord qui délimite et réchauffe son corps.
Cette constatation a amené des fabricants à concevoir des couvertures ou des plaids qui reproduisent cette enveloppe protectrice en s'enroulant autour de l'enfant. Le but : l'emmailloter en douceur, lui permettant tout de même de gigoter un peu des jambes et des bras mais pas au point d'en être surpris lui-même !
En effet, les premières semaines après la naissance, les bébés sont souvent agités de mouvements involontaires, plus ou moins réflexes. Bras et jambes sont pris de secousses qui parviennent même à réveiller l'enfant de son sommeil et le déstabilisent. Le fait d'être contenu a une vertu visiblement calmante.

Une position rassurante

À côté d'un emmaillotage à proprement parler, la position dans laquelle est installé le nouveau-né peut jouer un rôle apaisant. L'observation et le soin aux grands prématurés en service de néonatologie est particulièrement instructive. Il suffit de les placer en position regroupée, lovée un peu « en boule », bras et jambes ramenés naturellement près du corps, tête ramenée sur le buste (et non en hyperextension), comme ils l'ont été lors de la grossesse, pour immédiatement les apaiser et les ramener à un sommeil tranquille.
Cette constatation a donné naissance à une sorte de matelas « cocon » qui permet d'installer le bébé sur le dos pour sa sécurité, mais en position d'enroulement fœtal pour assurer cette fois sa sécurité intérieure. Et ça marche !
Par extension, lorsque vous portez votre bébé pour le calmer, pensez à adopter une position qui rassemble et non écartèle son petit corps. Vous verrez d'emblée le bénéfice sur son humeur.

Coucher son bébé

Pas facile les premiers mois de décoder le moment où un bébé a besoin de dormir. Plus il est petit, en effet, moins les signes sont évidents. Mieux vaut alors se souvenir toujours qu'un nouveau-né dort entre 16 et 20 heures par 24 heures jusqu'à environ trois mois. Pas durant de longues plages comme les jeunes parents le souhaiteraient pour pouvoir continuer de faire la grasse matinée le dimanche, non, mais par petites séquences répétées. À prévoir de tout confort et dans le calme !

Sur le dos

Couché sur le dos, votre nourrisson a besoin d'être enveloppé, rassuré, dans un couchage adapté à sa taille (berceau ou petit lit avec un tour bien « cocoonant »), pour ne pas se sentir perdu dans un espace trop grand pour lui.
Placez si possible son lit loin d'une source de chaleur ou de froid (radiateur ou fenêtre) et de manière à ce qu'il vous voie lorsque vous entrez dans sa chambre.

LE MATÉRIEL indispensable

- Un thermomètre dans sa chambre
- Un lange fin de coton (aussi appelé « couche Tétra »)
- Une turbulette
- Un tour de lit en tissu laissant passer l'air et s'attachant solidement
- Une petite peluche douce lavable en machine pour ses moments de veille

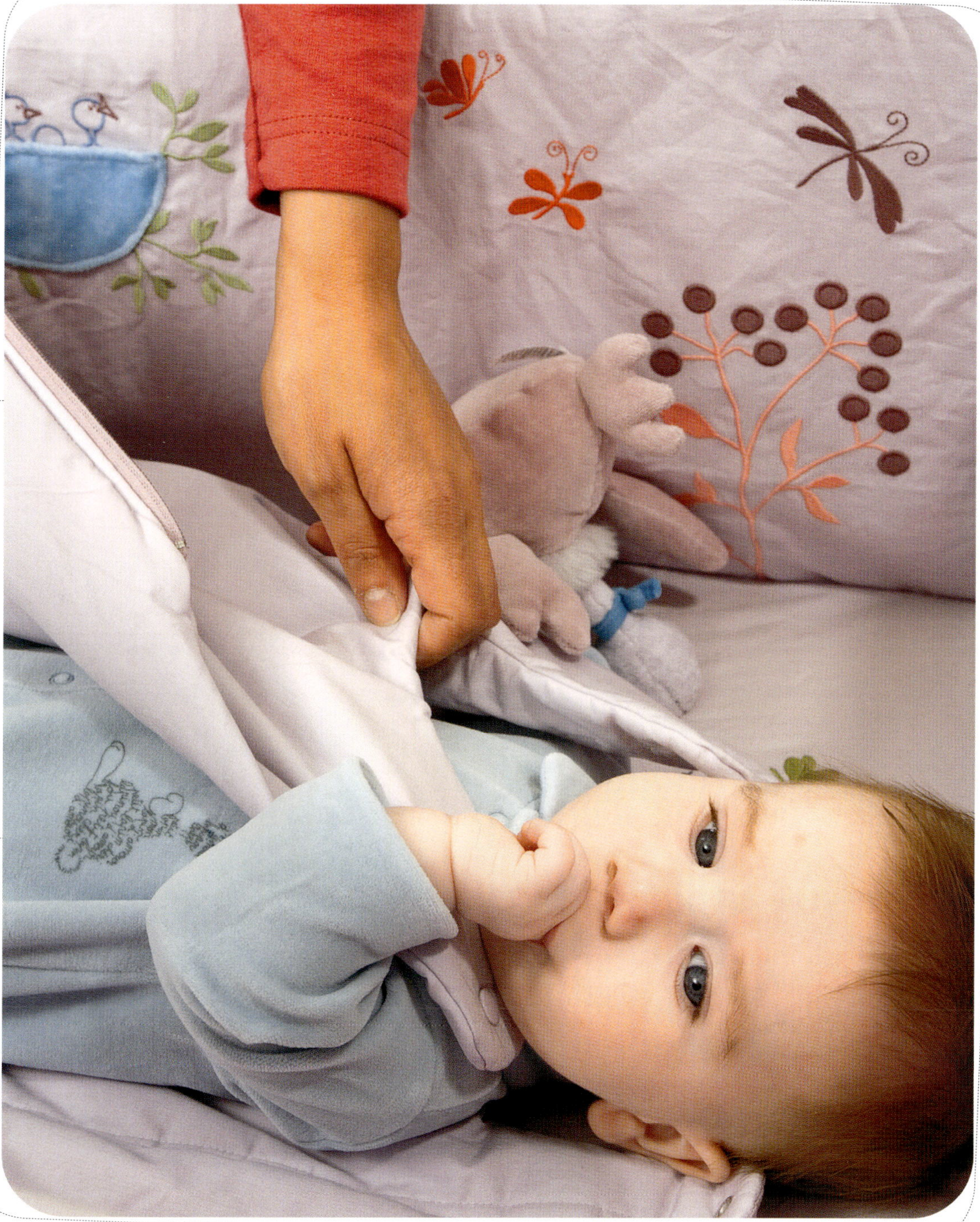

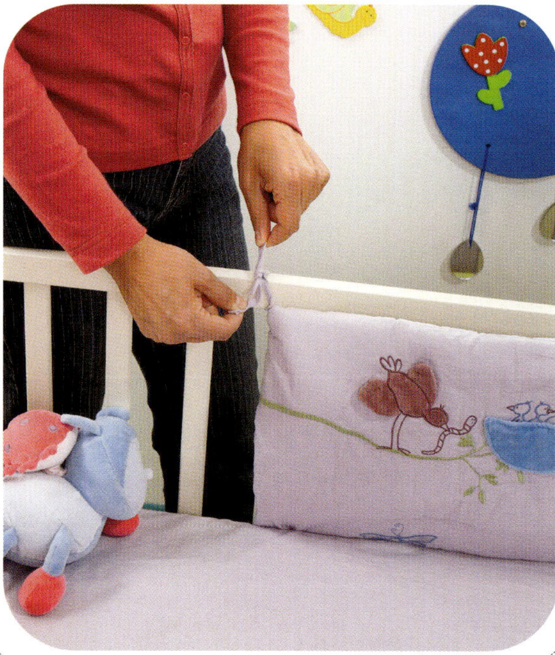

En sécurité

Attachez solidement le tour de lit pour qu'il ne recouvre pas le visage du bébé durant son sommeil. Et ajustez bien le bas, entre les barreaux et le matelas, pour empêcher le tout-petit de s'y glisser.

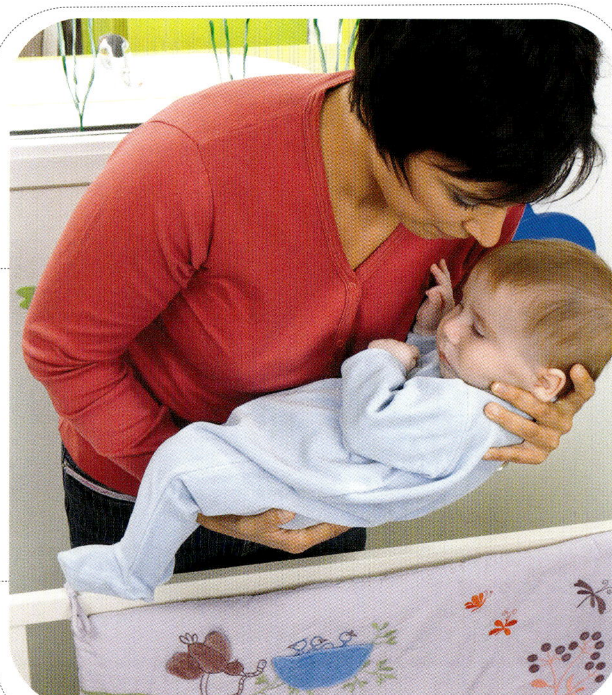

Bien soutenu

Pour le coucher ou le lever, placez une main sous sa nuque jusqu'à ce qu'il tienne seul sa tête et portez-le lové contre vous. C'est plus rassurant pour lui que d'avoir les bras et les jambes « dans le vide ».

Les fesses d'abord

Lorsque vous le couchez, ses fesses et ses pieds atterrissent en premier sur le matelas, sa tête toujours bien tenue et surélevée. Parlez-lui en lui expliquant ce que vous faites. Terminez par un bisou.

La bonne idée

Pour éviter de manipuler le bébé à moitié endormi au moment de le coucher, replacez la turbulette grande ouverte dans son lit aéré et refait. Du coup, elle est prête à le recevoir au prochain somme : vous refermerez juste le zip, sans le déranger !

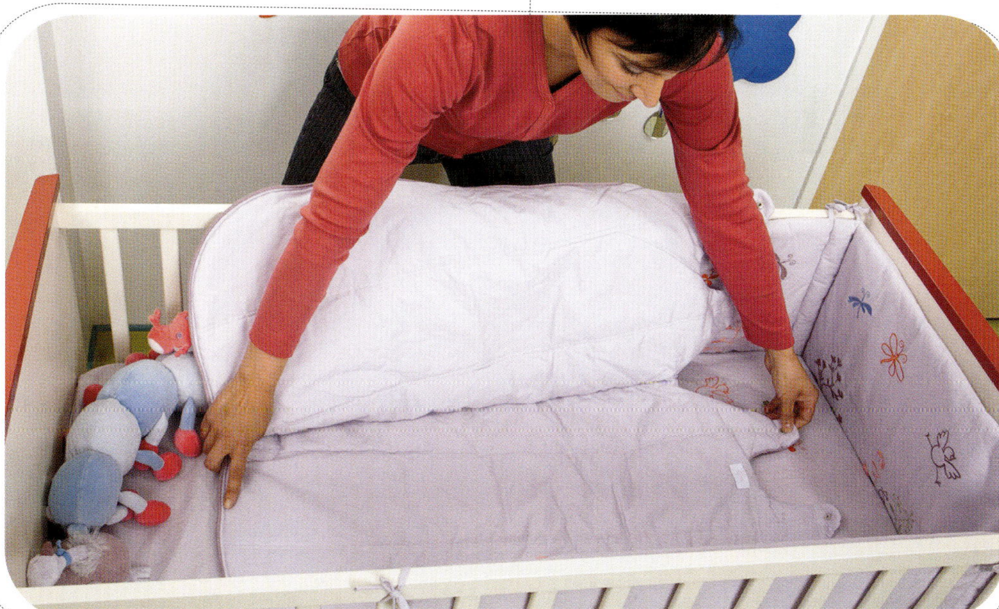

Questions-Réponses

Pourquoi dois-je faire dormir mon bébé sur le dos ?

C'est indispensable pour sa santé et sa sécurité. Depuis plusieurs années, on recommande de faire dormir les bébés sur le dos, le visage bien dégagé. Cette mesure préventive a fait notablement baisser le taux de morts subites du nourrisson. Cette position est fondamentale durant les premiers mois, votre bébé étant alors incapable de se retourner ou de se dégager seul. En effet, il doit pouvoir respirer librement, sans avoir le nez dans un oreiller, une couette ou une couverture.

Faut-il utiliser un « cale-bébé » pour le faire rester allongé sur le dos ?

Surtout pas ! Soit, les deux premiers mois, l'enfant est trop petit pour se retourner tout seul dans son lit : il dort alors sur le dos, la position conseillée pour sa sécurité. Soit, ensuite, il est capable de se retourner, sa musculature s'étant un peu développée : dans ce cas, le caler ne sert à rien. Comme il sait désormais tourner la tête à volonté, cela présenterait même un risque. En se retournant, il pourrait enfouir son nez dans le cale-bébé et en être gêné pour respirer...

Faut-il le faire dormir sur un plan incliné ?

De plus en plus de fabricants proposent des matelas de lit conçus en pente. Ainsi, la tête du tout-petit est légèrement relevée (de 15 à 30°) durant son sommeil. *A priori*, maintenir un bébé qui n'a pas encore acquis la position assise sur un plan incliné à 30° ne se justifie pas. Sauf sur prescription médicale, en cas de reflux diagnostiqué par le médecin. En revanche, les plans inclinés de manière légère (15° par exemple) peuvent améliorer le confort du bébé dans certaines situations. Lorsqu'il vient de boire son lait, mieux vaut ne pas le recoucher à plat tout de suite. S'il régurgite beaucoup, cette installation prend tout son intérêt pour éviter qu'il fasse une « fausse route ». Enfin, lorsqu'il est enrhumé, avec le nez encombré ou qu'il tousse, cette légère inclinaison l'aide à dégager les sécrétions de l'arrière-gorge et des fosses nasales.

À quelle température doit être sa chambre ?

Les maisons sont souvent trop chauffées alors que la température de la pièce dans laquelle bébé dort ne doit pas dépasser 18 °C, 19 °C au maximum, pour éviter tout risque de « surchauffe », autrement dit d'hyperthermie. Celle-ci peut en effet être dangereuse pour le tout-petit qui ne régule pas encore sa température interne et ne sait pas se découvrir tout seul.

Quelle literie préférer ?

Pas de couette, de drap, de couverture ni d'oreiller ! La literie d'un bébé doit se résumer à une alèse de protection du matelas et un drap-housse. Ces recommandations du ministère de la Santé évitent désormais des accidents qui ont eu lieu par le passé où l'enfant s'étouffait dans cet amas de tissu dont il ne savait pas se dégager. Autre raison : les risques d'hyperthermie grave liée à l'utilisation de couvertures dans une chambre déjà surchauffée. Le corps de votre bébé ne régule pas sa température les premiers mois. Aussi, s'il a chaud il s'échauffe aussi, au point de devenir fiévreux.

Puis-je utiliser un tour de lit ?

Oui pour le confort de votre bébé qui « grimpe » souvent pendant la nuit pour caler sa tête dans l'angle du lit au niveau des barreaux. Mais attention : choisissez un tour de lit pas trop épais ni matelassé, au contraire assez mince pour que l'air circule à travers si bébé y enfouit son nez (et éviter ainsi le risque d'asphyxie). Le tour de lit doit aussi respecter des contraintes de sécurité évidentes : ne pas avoir de cordon, nœud ni ruban accessibles à bébé qui risque soit de les détacher et de les avaler, soit de les enrouler autour de son cou. Autre critère : l'hygiène. Prenez soin de laver à 60 °C très souvent ce matériel textile dans lequel les acariens, ces parasites sources d'allergies importantes chez les bébés, nichent et prolifèrent.

Comment l'habiller la nuit ?

Les turbulettes, appelées aussi gigoteuses, sont des sortes de sacs de nuit conçus comme un sac de couchage surmonté d'un bustier dans lequel on enfile les bras et la tête de bébé. Voilà ce qui convient le mieux au nourrisson jusqu'à l'âge de deux ans. Elles permettent en effet d'éviter tout risque d'étouffement ou d'asphyxie durant le sommeil, contrairement aux draps, couvertures ou couettes dans lesquelles l'enfant risque de s'enrouler sans pouvoir s'en dégager pour respirer. Il en existe des modèles très molletonnés pour l'hiver, en éponge légère pour l'été.

Pouvons-nous l'installer dans notre chambre ?

L'installer définitivement, non. Votre chambre vous appartient, elle est le lieu privé de votre intimité que votre enfant devra au fil des mois apprendre à respecter. Mais vous pouvez y mettre son berceau provisoirement. Au début en effet, être près de ses parents va le rassurer. Cette situation est également profitable pour vous : tant qu'il tète la nuit, il est plus pratique d'avoir votre enfant tout près, sans être obligés de vous lever pour aller le voir dans sa chambre. Cela peut également vous rassurer de savoir que, en cas de problème, vous êtes alertés immédiatement par cette proximité. Ainsi vous dormirez d'un sommeil plus apaisé les premiers jours. (Voir plus loin « Le point sur... le co-sleeping ! ».)

LES PHASES DU SOMMEIL DE BÉBÉ

Le sommeil de votre bébé, qu'il soit diurne ou nocturne, est un enchaînement de cycles de 2 heures environ. À l'intérieur de chaque cycle on note :

• **Une phase de préparation :** bébé bâille, les muscles de la nuque et des paupières se relâchent...

• **Une phase de sommeil dit « lent »,** qui dure environ 1 h 30 et pendant laquelle l'activité cérébrale se ralentit progressivement. Elle se découpe elle-même en quatre stades :

- Pendant 10 minutes, bébé a un sommeil encore léger, il réagit aux bruits et à la lumière et se réveille facilement.

- Ensuite, la phase de « rêverie confuse » dure 20 minutes. Bébé s'enfonce davantage dans le sommeil : il ne bouge pas.

- Viennent alors deux stades de sommeil profond : température et tension artérielle baissent. Du coup, le pouls et la respiration de bébé se ralentissent, il est fermé au monde extérieur, même si ses yeux s'entrouvent parfois. Au deuxième stade de ce sommeil profond, le relâchement musculaire est total, les fonctions vitales minimales.

• **Une phase de sommeil dit « rapide » ou « paradoxal »** qui dure environ 20 minutes. C'est la phase pendant laquelle on rêve. L'activité cérébrale est alors très vive tandis que les muscles sont complètement détendus. Et, curieusement, le sommeil est alors très profond tandis que le rêveur est parcouru de mouvements saccadés : sa respiration est irrégulière, il cligne des yeux, sourit, pleure ou rit, les mouvements des membres et le rythme cardiaque s'accélèrent. Cette agitation apparente est annoncée par un sursaut très léger de tout le corps et s'achève souvent par un profond soupir.

• **Enfin arrive la « phase intermédiaire »,** court moment où le dormeur hésite en quelque sorte entre repartir pour un cycle de sommeil ou s'éveiller. Bébé récupère son tonus musculaire et bouge « volontairement », et surtout il est sensible aux bruits extérieurs.

Bébé fait du bruit en dormant, dois-je m'inquiéter ?

C'est vrai qu'un nouveau-né peut faire même beaucoup de bruit pendant son sommeil, au point de vous réveiller. Cela provient en général des mouvements naturels de succion qu'il fait de manière réflexe les premières semaines. Mais aussi, il existe des bébés ronfleurs ! Il émet alors un petit bruit régulier à chaque expiration. C'est le cas lorsqu'il a le nez un peu encombré et des mucosités dans l'arrière-gorge. Si ce ronflement n'est pas systématique, ne l'empêche pas de respirer et ne trouble pas son sommeil, pas de souci. Sinon, parlez-en à votre médecin.

À partir de quand fera-t-il des nuits complètes ?

En général vers quatre mois. Si vous ne l'avez pas déjà fait, voilà le moment de transporter son lit dans sa propre chambre : il y dormira mieux car il ne sentira pas une présence prompte à se réveiller en sursaut au moindre de ses petits mouvements.

Peut-on placer une peluche dans son lit ?

Oui, à condition de ne pas l'installer tout près de son visage. En effet, s'il tourne la tête, il risque d'enfouir dangereusement son nez dans la fourrure du jouet. Les premiers mois, le bébé n'a pas la force pour s'en dégager tout seul, d'où le risque d'asphyxie.
Le mieux consiste à prendre l'habitude d'ôter tout jouet du lit lorsque bébé y dort. Et, si vous souhaitez décorer son lit d'une de ses peluches, optez pour un modèle de petite taille. Outre des soucis de sécurité, pas question en effet d'effrayer votre tout-petit avec une peluche aussi grosse que lui !

Dois-je installer une veilleuse dans sa chambre ?

Pourquoi pas ? En fait les bébés n'ont pas tous peur du noir et, lorsque cette crainte surgit, c'est rarement avant un an. Donc la veilleuse sera surtout utile pour vous repérer dans sa chambre, la nuit, à l'heure des tétées ou lorsque vous venez voir « si tout va bien » avant d'aller vous-même vous coucher.
Côté pratique, préférez les veilleuses à interrupteur ou qui s'éteignent elles-mêmes au bout d'un moment. En effet, voir de la lumière en ouvrant les yeux peut réveiller complètement le nourrisson entre deux cycles de sommeil, alors que, dans l'obscurité, il se serait sûrement rendormi en douceur.

SON SOMMEIL

J'ai l'impression que mon nourrisson ne dort pas assez, que faire ?

Les bébés ne sont pas égaux face au sommeil. Il y a des gros et des petits dormeurs. Selon le cas, cela représente de 16 à 20 heures par 24 heures. Pour savoir à quelle catégorie appartient votre tout-petit, notez les heures auxquelles il s'endort et se réveille spontanément. L'important est qu'il dorme selon les besoins de son horloge interne. Essayez de créer une pénombre suffisante au moment de l'endormissement, et ôtez son mobile. Veillez également à lui offrir un temps de calme avant de le mettre au lit pour la nuit, et parlez-en à votre médecin.

Et s'il dormait trop ?

Si votre tout-petit est en pleine forme par ailleurs, s'il est vif lors de ses moments d'éveil, ne vous inquiétez pas. Soit c'est un gros dormeur, soit il compense ainsi la fatigue nerveuse de sa journée, pleine de découvertes. En effet, les premières semaines (et notamment les huit premiers jours) correspondent pour lui à de gros bouleversements. Il doit faire des efforts énormes pour s'adapter à la vie « terrestre ». Aussi n'est-il pas rare de voir des nouveau-nés dormir jusqu'à 5 ou 6 heures d'affilée. Et souvenez-vous que dormir peut occuper jusqu'aux deux tiers de la journée d'un nouveau-né : pendant les trois premiers mois en moyenne, il dort entre 14 à 18 heures par jour. Le reste du temps se partageant entre pauses-repas et moments d'éveil, en grande partie consacrés aux soins et au bain. Il est normal que cela vous paraisse long ! Au fil des semaines, le problème qui risque d'émerger ne sera pas tant la durée du sommeil que le fait qu'il vous sera difficile de régler l'heure des tétées ou des biberons, bébé dormant « à tort et à travers ». Mais patience. Les cycles se calent et se régleront peu à peu.

Je le vois souvent sursauter pendant son sommeil, est-ce grave ?

Non, ce n'est pas grave du tout. On observe ce type de réaction chez tous les bébés en bonne santé. Ils peuvent même cligner des paupières en dormant ou présenter des spasmes qui ressemblent à des sanglots. En fait, c'est au cours de la phase de sommeil paradoxal (voir encadré) que le bébé est agité de mouvements de flexion, d'étirement, de soubresauts... ce qui n'empêche pas son sommeil d'être très profond. Ne le réveillez surtout pas. Cela est normal

et fréquent, en particulier lorsque bébé a un peu pleuré avant de s'endormir ou lorsqu'il est en train de rêver. Sachez également qu'il peut parfaitement éternuer, avoir le hoquet ou rire en dormant. Il rêve et s'exprime.

Comment l'amener à dormir paisiblement ?

En l'entourant de calme et de détente avant de le coucher et en évitant de l'exciter ou de le stimuler à ce moment-là (en jouant lorsqu'il a sommeil, par exemple). Évitez également d'allumer les lumières, de faire fonctionner la télévision ou de mettre la musique très fort juste quand il vient de s'endormir. Pour autant, ne vous empêchez pas de vivre et d'aller et venir dans la maison pendant ses longues siestes : vous entendre à pas feutrés ne le dérangera pas, tandis que le silence total peut être source d'angoisse pour lui.

À quel signe voit-on que bébé a sommeil ?

Observez bien votre nouveau-né et vous apprendrez vite à repérer les « clignotants du sommeil » : il bâille (c'est discret au début !), ferme à demi les paupières et a un regard fixe, sa tête ballotte comme pour trouver un appui. Il peut aussi s'agiter pour trouver une position favorable au sommeil, un peu « en boule » ou « en grenouille ». Dès que vous sentez votre bébé chercher le sommeil, ne tardez pas à le coucher. En effet, s'il rate le « train du sommeil », il devra attendre le prochain près d'une heure et demie plus tard (voir notre encadré « Les phases du sommeil de bébé »), pendant laquelle il sera très fatigué et grognon. Enfin, il peut geindre et se mettre à pleurer subitement. Souvent, on interprète ces pleurs comme un signe de faim, alors qu'en fait, le tout-petit s'énerve par besoin de sommeil. Aussi, avant de lui proposer à nouveau de téter alors qu'il vient de le faire, essayez plutôt de l'endormir.

Installer un écoute-bébé, est-ce pratique ?

Oui, si l'on habite une grande maison avec un étage, mais c'est surtout rassurant pour de jeunes parents inexpérimentés et un peu angoissés ! Il vous évitera de faire la navette entre le lieu où vous vous tenez et la chambre. Au moindre bruit, pleur, grognement, cri, babillage, vous êtes prévenue. Sans devoir aller le voir immédiatement au risque de l'éveiller tout à fait par votre seule présence, par la lumière allumée, ou le bruit de la porte que vous ouvrez. Mais attention, il ne s'agit pas non plus de « déléguer » à cet appareil le rôle de surveillant de bébé : restez vigilant.

Quel modèle choisir ?

Les études scientifiques récentes mettent en avant les risques des ondes haute fréquence sur l'organisme. Notamment pour les bébés. Par principe de précaution, vous pouvez préférer un modèle d'une fréquence basse ou un système qui se branche directement sur les prises murales. Vous pouvez également l'éloigner le plus possible de sa tête.

Dans quel couchage faire dormir bébé à la naissance ?

À la naissance, votre nouveau-né a besoin de dormir dans un espace à sa taille pour se sentir en confiance. Il ne faut surtout pas qu'il ait l'impression de flotter ou de se perdre dans un grand lit, gigantesque pour lui qui vient d'un lieu chaleureux, très confiné et protecteur (le ventre de sa maman). L'idéal ? Le couffin ou le berceau, dont les prix parfois élevés peuvent toutefois constituer un handicap (voir plus loin).

Jusqu'à quel âge puis-je utiliser un couffin ou un berceau ?

Le couffin sert généralement jusqu'à trois ou quatre mois, guère plus, sa limite d'utilisation étant plutôt liée au développement psychomoteur du bébé qu'à son âge ou sa taille. Au moment où bébé gigote en tous sens, devient capable de se retourner, de se redresser en prenant appui sur ses mains, il serait alors dangereux de continuer à l'y installer. Le berceau peut durer un peu plus longtemps (quelques mois), jusqu'au moment où votre bébé est capable de s'asseoir, de s'agenouiller ou de se redresser tout seul, risquant de déséquilibrer le berceau. Couffin et berceau doivent être conformes à des normes de sécurité strictes indiquées sur l'emballage ou le produit lui-même. Pour le couffin, il s'agit de la norme NF EN 1466. Pour le berceau, c'est la norme NF EN 1130.

Je ne peux acheter ni couffin ni berceau, que puis-je faire ?

Dans ce cas, vous pouvez laisser dormir votre bébé dans la nacelle du landau, en la posant à même le sol pour qu'elle ne puisse pas tomber. Ce système peut convenir jusqu'à environ trois mois.

Un seul lit peut-il convenir pour tous les âges de mon bébé ?

Oui. Un lit à barreaux, de taille française 60 x 120 ou, plus internationale, 70 x 140, convient jusqu'à deux ans et demi à trois ans. Pour choisir le bon modèle, veillez que le sommier soit réglable en hauteur afin d'épargner votre dos : lorsque bébé est nourrisson, jusqu'à six mois, le sommier en position haute pour l'extraire de son lit sans vous baisser. Lorsque bébé commence à se tenir debout, vous baissez le sommier pour plus de sécurité. La norme de ces lits de bébé est NF EN 716-1.

Faut-il humidifier sa chambre ?

C'est préférable si le taux d'hygrométrie n'atteint pas 50-60 % d'humidité, ce qui arrive souvent dans les logements surchauffés. L'air sec irrite les muqueuses des voies respiratoires du bébé, le fait tousser pendant son sommeil au risque de le réveiller, et au final, favorise les infections du nez, de la gorge et des bronches. Pour y remédier, oubliez le bol d'eau posé sur le radiateur : c'est parfaitement inefficace, la surface d'évaporation étant trop faible. Le plus simple, à défaut d'être très esthétique : faire sécher le linge dans sa chambre. Sinon, vous pouvez investir dans un humidificateur électrique. Il en existe à tous les prix, du plus basique au plus sophistiqué. Dans tous les cas, préférez un modèle récent qui diffuse de la vapeur froide, sans risque de brûlure. Et, bien sûr, humidifier sa chambre ne vous dispense pas d'aérer chaque jour.

Le point sur... le co-sleeping !

Le fait de dormir avec son bébé est aujourd'hui revendiqué par les uns, adeptes du nouveau maternage, en prenant exemple sur les civilisations non occidentales qui le pratiquent depuis des millénaires, et refusé en bloc par les autres. Notamment les psychologues à cause des dégâts dans la construction personnelle de l'enfant et les médecins pour des raisons de sécurité, certains cas ayant entraîné la mort du bébé. Le co-sleeping s'est développé ces dernières années avec la tendance venue en grande partie des États-Unis à s'occuper de son bébé « autrement », un peu baba cool, avec comme précepte principal de le garder près de soi en permanence. Un principe qui va, en outre, de pair avec un allaitement longue durée et un portage le plus possible en écharpe. Et repris souvent aussi par des parents quelquefois éreintés par les courtes nuits des premiers mois de leur bébé.

La méthode « light » du cododo consiste à faire dormir le bébé dans un couffin ou un lit tout collé contre celui des parents. C'est pratique pour ne pas avoir à trop se déranger ni se réveiller complètement au moment des tétées nocturnes.
Le vrai « co-sleeping » consiste, lui, à l'accueillir dans votre lit la nuit durant. Le principe étant de ne pas laisser l'enfant tout seul dans sa chambre mais de le garder à proximité pour une raison pratique lorsqu'on allaite, mais aussi par souci de ne pas s'en séparer et de ne pas l'isoler.

Qu'en penser ? Pour faire une petite sieste, pourquoi pas. Mais plus, est-ce réellement à conseiller ? Le couple doit se retrouver après la naissance du bébé, et le petit intrus « pèse » forcément sur ces retrouvailles. Côté sécurité, même s'il est peut imaginable que vous l'écrasiez en dormant, cette proximité risque de créer une chaleur susceptible de provoquer une hyperthermie et un manque d'aération préjudiciables au bébé (risque accru de mort subite du nourrisson). Enfin, d'un point de vue psychologique, pour pouvoir dormir tranquillement, le tout-petit doit sentir qu'il est en sécurité quand il dort seul. Cette séparation provisoire maman-bébé doit d'abord être acceptée par la mère pour que l'enfant la vive sereinement.

Des conseils en plus

La journée avec votre bébé se rythme au fil des longues tétées, des petits soins, des gros câlins et des siestes plus ou moins longues. Mais certains moments ou certaines situations inédites méritent une attention particulière. L'arrivée à la maison et ses premiers jours pleins d'émotion, sa première montée de fièvre qui nous panique, son premier voyage compliqué à organiser, la naissance de jumeaux qui nous fait voir double… Rassurez-vous, tout va bien. Avec un peu d'aide.

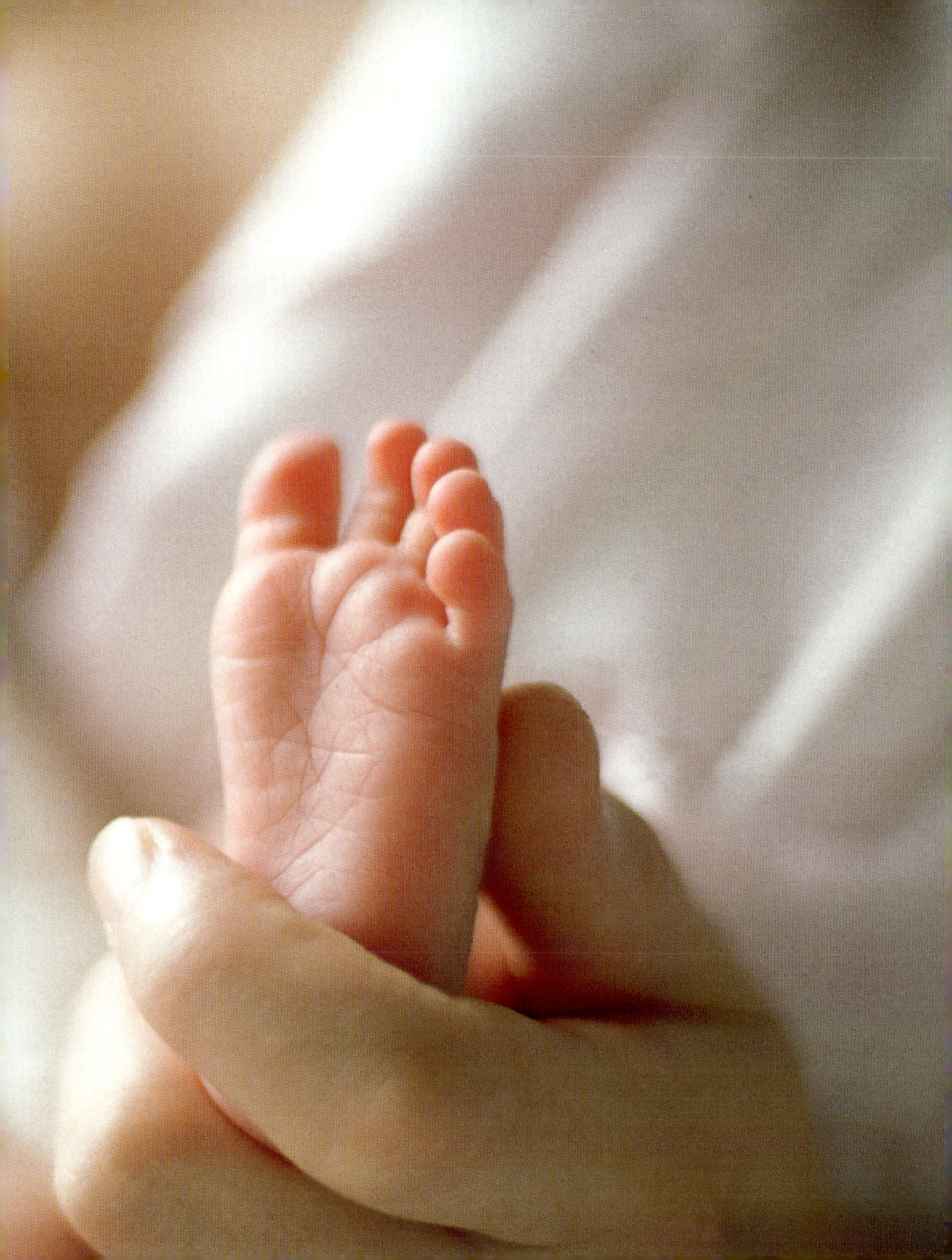

Le retour à la maison

Seule toute la journée avec mon bébé, vais-je savoir m'en occuper ?

Ne vous en faites pas, vous y parviendrez. D'autant mieux que, pendant votre séjour à la maternité, vous aurez appris les gestes de la toilette, du bain, de l'habillage de votre bébé. Et puis faites-vous confiance. Le fait de se retrouver chez soi, avec son bébé, permet aussi de mieux faire connaissance.

Que faire pour que cela se passe bien ?

Surtout donnez-vous du temps. L'accouchement est un moment de grand bouleversement physique et psychologique, source de fatigue. Allez à votre rythme mais surtout suivez celui de votre bébé.

Comment parvenir à me reposer entre les tétées, le ménage, la toilette, etc. ?

Vous reposer est fondamental. Et la seule façon de pouvoir le faire, c'est d'adapter votre rythme à celui de bébé. Autrement dit, dormez lorsqu'il dort, même le jour et levez-vous lorsqu'il est éveillé. Récupérer du sommeil est en effet d'autant plus indispensable la journée que les nuits des premières semaines sont courtes, bébé se réveillant environ toutes les trois heures. Et vous aussi ! Autre conseil : profiter de ses siestes pour vous occuper de vous. Téléphoner à vos amies, vous faire une beauté, lire un roman délaissé depuis longtemps... C'est très bon pour le moral.

Comment organiser mes journées ?

Il est utile de noter ses heures de repas pour connaître ses cycles de sommeil et de faim et ainsi pouvoir prévoir au mieux balades, visites, repos... En conservant ces notes de jour en jour, vous observerez peu à peu le rythme de votre bébé qui se met en place progressivement jusqu'à ce qu'il fasse ses nuits. Si vous le nourrissez au biberon, préparez-en un à l'avance le soir pour la nuit, en le laissant au réfrigérateur juste à réchauffer lorsqu'il aura faim. Cela vous évitera de vous activer trop longtemps en cuisine sous les cris de votre petit affamé !

Je n'ai envie de voir personne, est-ce normal ?

Il faut accepter cette période que les psychologues connaissent bien et appellent la « nidification ». Elle est souvent nécessaire après l'accouchement, repli provisoire qui semble salutaire pour vous permettre de reprendre naturellement des forces. C'est le moment de former le « noyau » de la famille autour du trio papa, maman et bébé. Attention, il ne s'agit pas de couper tout lien avec vos amis et votre famille. Gardez le contact par téléphone, écrivez des petits mots jusqu'à ce que vous vous sentiez d'attaque.

Les visites m'épuisent et mon bébé pleure pendant toute leur durée...

Une visite par jour est un grand maximum, et seulement si vous en avez envie. Et attention, ne réveillez pas votre bébé sous prétexte que votre cousine a parcouru 300 km pour le voir. Laissez-le dormir tranquillement. S'il est réveillé, évitez de le passer de bras en bras, cela risque de l'énerver. Interdisez également à vos invités de fumer en sa présence. Autre solution : recevez aux heures où habituellement votre nouveau-né s'éveille. Ainsi vos invités le verront tout frais tout dispos. Mais, sachez que, dans ce cas, il risque d'avoir faim et vous devrez préparer le biberon ou lui donner la tétée. Vous serez alors moins disponibles pour vos visiteurs. Enfin, les premiers jours de retour après la maternité, prévoyez des visites de courte durée à l'heure du thé ou pour un petit apéritif et préparez-vous mentalement à l'écourter, de façon polie mais ferme, lorsque vous ou votre bébé en sentirez le besoin.

Que dois-je avoir prévu pour bébé les premières heures de notre retour ?

Vous avez plusieurs points à faire vérifier avant votre retour : la bonne température de la chambre (18-20 °C), éventuellement le bon fonctionnement du chauffe-biberon si vous n'allaitez pas ; l'installation correcte et pratique du plan de change, entouré de tous les accessoires de toilette. Voilà en effet l'une des premières activités de votre retour avec le bain et le repas !

Et côté intendance ?

Vous ne pouvez pas savoir à l'avance si vous serez en grande forme ou un peu fatiguée à votre retour. Mieux vaut donc avoir rempli le congélateur trois semaines avant le terme prévu et avoir constitué des stocks du matériel indispensable : couches taille 1, packs d'eau pour les biberons...

Un sac à langer est-il un achat utile ?

C'est idéal, car conçu pour que vous puissiez emporter tout ce dont vous avez besoin pour le bien-être de votre bébé lors de vos déplacements. Voire disposer facilement de tout le nécessaire de toilette à la maison. Sans rien oublier, et avec l'assurance d'avoir tout sous la main au moment du change. Pour être vraiment complet, le sac doit comporter un matelas à langer pratique et assez grand, amovible pour pouvoir être lavé facilement et douillet pour assurer le confort de bébé où que vous le posiez. Il en existe actuellement de nombreux modèles de tous styles et pour tous les goûts.

Si j'ai des questions ou des petits soucis, vers qui me tourner ?

Outre la famille proche (à qui vous n'avez pas forcément envie de vous confier...), n'hésitez pas à demander conseil à des professionnelles. C'est particulièrement utile si vous allaitez. En effet, au moment où la montée de lait a des ratés, vers dix jours à trois semaines, on peut vite se décourager. Et beaucoup de mamans qui pourtant souhaitaient allaiter plus longtemps arrêtent là car elles n'ont pas reçu une aide de qualité. Adressez-vous aux associations d'aide et de soutien à l'allaitement ou à une sage-femme.

QUEL MATÉRIEL PRÉVOIR POUR LES PREMIERS JOURS ?

- Un lit, un couffin ou un berceau ou encore un landau pour le coucher à votre arrivée à la maison
- Un paquet de couches jetables ou un kit naissance de couches lavables
- Un écoute-bébé pour vous rassurer, si besoin, lorsque le nourrisson dort
- Une baignoire plastique
- Une table ou un plan à langer
- Un minigarde robe (quelques grenouillères ou bodys de plus que ceux que bébé avait déjà à la maternité)

Si vous n'allaitez pas :

- Des biberons en verre ou en plastique sans BPA
- Une boîte de lait en poudre et de l'eau minérale
- Un chauffe-biberon
- Le nécessaire de nettoyage des biberons et des tétines

L'accueil de jumeaux ou de triplés

Sortirai-je de la maternité avec mes bébés ?

La plupart des mamans de jumeaux rentrent à la maison avec leurs deux bébés « sous le bras » ! Mais, selon leur poids et leur âge, certains nouveau-nés restent parfois quelque temps à l'hôpital tandis que la jeune mère rentre seule à la maison. Préparez-vous à cette éventualité sans vous angoisser pour autant. Certes, c'est dur mais c'est aussi le moment de souffler un peu, de vous reposer et de planifier leur retour... en fanfare cette fois ! Si vous avez l'intention de les allaiter, parlez-en avec les puéricultrices de la maternité ou les conseillères en lactation. Vous pouvez tirer votre lait pour mettre en place la lactation et éventuellement que votre lait leur soit donné.

Que préparer avant la naissance de mes jumeaux ?

Il ne vous sera pas facile de faire facilement des courses avec deux nouveau-nés et vous serez sûrement fatiguée. Aussi, prévoyez vos achats au maximum dès à présent avec l'aide de votre conjoint : stocks de lessive, d'eau minérale, de couches (vos jumeaux en consommeront près de quatre cents par mois !), etc. Vous pouvez aussi remplir le réfrigérateur, ou mieux encore le congélateur, pour vous aussi.

J'attends des triplés et j'ai peur d'être débordée !

Avec des triplés (et plus), les problèmes pratiques sont vraiment importants. Et le restent globalement durant les trois premières années : nombre très élevé de biberons ou de tétées et de changes quotidiens, problèmes de sommeil... la famille devient une petite usine qui ne chôme pas un seul instant ! La condition pour ne pas se « noyer » : s'imposer beaucoup d'organisation et faire appel à la solidarité de la famille, des amis ou des voisins, voire de professionnels, spécialement habilités aux tâches domestiques.

Je souhaite allaiter mes bébés, en aurai-je la force ?

C'est généralement tout à fait possible. Mais sachez que vous donnerez entre quinze et vingt tétées par 24 heures durant les premières semaines, dont deux ou trois la nuit : voilà un rythme qui nécessite que vous soyez en forme. Même si le temps semble vous manquer pour tout faire en une journée ne sautez pas de repas, nourrissez-vous correctement. Et abonnez-vous au jus de fruit frais le matin pour faire le plein de vitamines.

Comment allaiter mes jumeaux ?

En général, les mamans allaitent successivement les deux bébés. Avec le risque que le second pleure de faim durant toute la tétée de son jumeau ! L'important est alors de toujours rester calme, il apprendra vite que son tour viendra. Autre solution, l'allaitement simultané des jumeaux, surtout s'ils ont faim en même temps. Sinon, on peut procéder à un allaitement mixte : un bébé est allaité au sein pendant que le second est nourri au biberon par une autre personne (le papa en général). Simplement, lors de la tétée suivante, il faut penser à alterner : celui des deux bébés qui a été nourri au sein aura cette fois le biberon. Et inversement. Le risque est alors de voir les bébés préférer bien vite la facilité, les tétines des biberons étant plus souples et font couler le lait plus facilement que le sein ! Jusqu'à trois mois environ, mieux vaut tenir un tableau de bord précisant les heures et les quantités de lait bues par chaque enfant.

Côté biberons, que prévoir ?

Vous devez en compter deux fois et demie de plus que pour un seul enfant, soit une quinzaine. En effet, si vous n'avez pas le temps de les laver au fur et à mesure des repas, il vous en faudra quelques-uns d'avance.

J'ai l'impression d'étouffer depuis mon retour avec mes jumeaux, est-ce normal ?

La naissance de plusieurs bébés provoque un bouleversement plus grand que celle d'un seul enfant. Attention de ne pas vous enfermer (et votre conjoint avec vous s'il participe beaucoup à la vie de la maisonnée) dans votre rôle de nouveaux parents de jumeaux, pensant parvenir à tout faire, à tout maîtriser sans être aidés. Vous risquez tout simplement d'étouffer et de vous effondrer d'épuisement vers le troisième ou quatrième mois. Pour préserver l'harmonie familiale autant que votre équilibre personnel, essayez au contraire de vous réserver des moments de repos, des activités où vous ne pensez qu'à vous. Discutez-en avec votre conjoint pour « planifier » quelques échappées bénéfiques à tous. Pensez aussi à contacter la Protection Maternelle et Infantile de votre département (PMI) où vous rencontrerez des puéricultrices prêtes à vous seconder ou vous conseiller. Et n'hésitez pas à demander l'aide de vos proches.

Comment les faire dormir ?

Les premiers jours, vous pouvez les faire dormir dans le même berceau ou le même lit de bébé. En effet, dans le ventre maternel, ils ont eu l'habitude d'être serrés l'un contre l'autre et s'accommodent très bien de cette proximité qui peut même les rassurer. Simplement, placez-les tête-bêche pour qu'ils ne se gênent pas mutuellement pour respirer. Mais, très vite, à la fin du premier mois, pour des raisons psychologiques surtout, chaque nourrisson doit avoir son lit, aménagé si possible chacun dans un petit coin personnel pour les aider dès les premiers mois à comprendre qu'ils sont deux personnes différentes.

Lors du bain, dois-je les baigner ensemble ou séparément ?

Les premières semaines, pour leur sécurité, ne tentez aucune « acrobatie ». Tant qu'ils sont nourrissons, lavez-les l'un après l'autre, en laissant le second en toute tranquillité dans son lit. Équipez-vous d'une baignoire pour bébé sur pieds afin qu'elle soit à bonne hauteur pour votre dos… doublement sollicité.

Faut-il des transats ?

Ce sont des éléments de base de votre équipement « spécial jumeaux ». Il vous en faut donc impérativement au moins un modèle pour vous permettre de laisser l'un des bébés dans son siège en toute sécurité près de vous tandis que vous vous occupez du second. Attention, pour pouvoir vous en servir dès leur naissance, choisissez un transat au dossier inclinable. Et prenez le temps de toujours attacher le harnais !

Landau-poussette face à face ou côte à côte ?

Tout dépend de votre lieu d'habitation. En effet, une poussette côte à côte est large et risque de ne pas passer dans l'ascenseur de l'immeuble par exemple. Vérifiez avant de l'acheter qu'elle entre, pliée, dans le coffre de votre voiture. Un modèle en longueur « face à face » est plus étroit donc plus pratique pour faire les courses (elle passe entre les caisses ou les allées du supermarché) mais difficile à manœuvrer pour monter et descendre des trottoirs hors des lignes droites. Dans les deux cas, optez pour un article qui permet de régler les sièges en position face à la route, face à la maman, au choix. Sachez en outre que de nombreuses associations de parents de jumeaux en proposent d'occasion. Vérifiez alors que le modèle est toujours aux normes… et d'une hygiène impeccable.

Je n'ai pas beaucoup de moyens financiers et des jumeaux coûtent cher. Que faire ?

N'hésitez pas à vous renseigner dans votre mairie. Des associations de parents d'enfants multiples existent dans tous les départements du pays. Elles proposent : conseils, soutien, location ou prêt de matériel adapté aux enfants multiples, vestiaire, achat à prix intéressant de produits nourrissons (couches, lait…), gardes d'enfants, etc. Également, contactez la Caisse d'allocations familiales et les services de l'action sociale de votre commune. Certaines municipalités en effet accordent des primes ou des allocations pour la naissance de jumeaux ou de triplés.

Les premières sorties

Quand pourrai-je commencer à sortir mon bébé ?

De nombreux jeunes parents se posent cette question. Dites-vous simplement que, si la puéricultrice et le pédiatre ont trouvé votre enfant « bon pour la sortie » de la maternité, rien ne s'oppose à une (courte) promenade. Mais suivez aussi votre bon sens. Donnez-vous d'abord le temps de souffler, de trouver vos repères, d'organiser vos journées, les tétées, les changes, la toilette et le bain, les courses, les lessives. Quant à votre bébé, il a lui aussi besoin de s'adapter. Sachez par ailleurs que les sorties d'un tout-petit servent en premier lieu à lui faire découvrir le monde et « prendre l'air ». Aussi, inutile de vous obliger à sortir dès le premier jour de son retour à la maison. Attendez d'en avoir envie et d'être en forme.

Combien de temps peuvent durer les premières sorties ?

Les premières sorties ne doivent pas durer trop longtemps, car votre bébé, âgé de quelques jours, sera très vite fatigué par les stimulations extérieures : une vingtaine de minutes d'abord, le temps de faire une petite course, puis progressivement jusqu'à 1 heure au maximum. C'est d'ailleurs approximativement la durée qu'il reste entre deux moments de sommeil une fois passés la tétée et le change, puisque bébé dort entre 15 et 20 heures par jour le premier mois.

Je dois faire les courses, puis-je l'emmener ?

Oui, dans son landau ou son porte-bébé si vous faites de « petites courses ». En revanche, abstenez-vous si vous comptez faire vos achats dans un grand magasin : l'ambiance y est bruyante, et l'atmosphère surchauffée propice au développement d'un grand nombre de microbes inoffensifs pour les « grands » mais néfastes pour un si petit bébé. De plus, cela risque de n'être pas pratique car il est totalement déconseillé de poser le siège auto coque avec bébé sur un chariot de supermarché : des accidents très graves ont eu lieu.

Puis-je sortir mon bébé en porte-bébé ou en écharpe ?

Oui, à condition qu'il s'agisse d'un porte-bébé ventral conçu pour les nourrissons : les modèles qui se placent sur le dos ne doivent pas être utilisés tant que l'enfant ne sait pas se tenir assis seul (donc pas avant six mois au moins). Quant à l'écharpe, elle permet de bien le protéger du monde extérieur, le tissu pouvant être remonté bien haut sur sa tête, et ses jambes sont « cachées » à l'intérieur. Ces deux modes de portage apportent une grande sécurité affective au tout-petit qui a besoin d'être porté, soutenu et en contact serré avec vous. N'en abusez pas pour autant et évitez de l'utiliser durant des heures : votre nourrisson doit toujours pouvoir dormir confortablement installé en position allongée. Puisque votre bébé est statique, pensez à l'habiller en fonction des saisons. Lorsqu'il fait froid, placez le porte-bébé sous votre manteau afin d'en recouvrir votre tout-petit pour le protéger au mieux des intempéries et surtout mettez-lui un bonnet.

À partir de quel âge le mettre dans un porte-bébé ?

Le porte-bébé s'utilise à partir de la naissance (ou dès que bébé a atteint le poids de 3,5 kg) et jusqu'à 7,75 kg au maximum (soit six à neuf mois).

Quel modèle choisir ?

Pour votre confort, le porte-bébé doit avoir de larges bretelles (au moins 4 cm) très rembourrées pour ne pas « scier » vos épaules. Il doit aussi bien répartir le poids de l'enfant en ayant par exemple des sangles

croisées dans le dos. Pour le bien-être de votre bébé, veillez à ce qu'il soit matelassé, qu'il assure une bonne tenue du dos et un soutien efficace de la nuque avec une têtière bien haute et enveloppante. En effet, la tête de votre bébé ne doit absolument pas ballotter d'avant en arrière ni de droite à gauche.

Faut-il un landau pour promener un nourrisson ?

C'est le cocon le plus protecteur pour votre nouveau-né, dès sa naissance et jusqu'au moment où il est capable de se tenir assis. Le landau lui permet de dormir confortablement allongé, comme dans son lit. L'hiver, il le protège du froid autant que du vent glacial. Mais l'été, attention de ne jamais laisser votre bébé dans son landau en plein soleil, l'atmosphère y est étouffante. Profitez des moments où vous roulez à l'ombre pour baisser un peu la capote afin que l'air circule à l'intérieur. La nacelle peut aussi servir de lit auto à condition que cet usage ait été prévu par le fabricant (kit d'installation en voiture). Toutefois, un landau sert peu de temps (6 mois environ). Aussi vaut-il mieux le rentabiliser en investissant dans un modèle combiné landau-poussette. Une fois l'usage du landau caduc, il devient une poussette confortable que vous utiliserez de nombreux mois. Veillez alors que les accessoires tels que capote et chancelière s'adaptent aux deux fonctions.

Sortir bébé en poussette les premiers mois, est-ce possible ?

Oui, à la seule condition que le dossier s'incline complètement en position allongée, et que le hamac soit assez confortable et enveloppant. En hiver, il faudra de plus veiller à couvrir très chaudement votre bébé au moyen d'une chancelière et le protéger du vent par une capote. En fait, il faut que votre poussette se transforme les premiers temps en vrai landau ! N'installez jamais votre tout-petit de moins de 6 mois dans une poussette dont le dossier ne s'incline pas ou peu. Ce type de modèle convient uniquement à partir du moment où l'enfant sait se tenir assis tout seul (entre 6 et 8 mois).

Qu'est-ce qu'une poussette premier âge ?

Pour pouvoir être dite « premier âge » et accueillir un tout-petit dès sa naissance, la poussette doit pouvoir s'allonger complètement afin de ne pas forcer sur le dos de bébé et lui permettre de dormir confortablement. Dans cette position, si vous prévoyez l'achat d'accessoires tels que nid d'ange et chancelière, ce hamac pourra remplacer une vraie nacelle de landau. Pour cela, il doit avoir des côtés bien élevés, y compris au niveau de la tête. Dans tous les cas, préférez les modèles qui permettent d'avoir le bébé face à soi, pour pouvoir être en contact visuel en permanence avec lui.

Le point sur...
l'achat d'un landau et d'une poussette

Tandis que le landau est constitué d'une nacelle montée sur un châssis, le combiné landau-poussette se compose, pour toutes les marques, d'une nacelle, d'un châssis et d'un hamac qui remplace la nacelle quelques mois plus tard.
Des poussettes multifonctions avec siège coque servent aussi les premiers temps. On les appelle généralement des « travel system ». Choisissez ces éléments avec soin, selon vos besoins.

Le châssis

Il doit avoir des suspensions efficaces pour bien amortir les chocs. Il existe différents modèles de roues selon l'usage du « véhicule » : les petites roues pivotantes, dites directionnelles, sont très pratiques en ville pour se faufiler sur les trottoirs, monter les escaliers, etc. ; sur terrain caillouteux, les roues de grand diamètre offrent une meilleure souplesse mais sont plus encombrantes.
Leur nombre varie de trois (châssis triangulaire) à huit (petites roues doublées sur chaque essieu). Côté sécurité, le pliage doit être actionné par deux manœuvres différentes pour éviter tout risque de repliement intempestif.

La nacelle du landau

Elle doit être rigide pour assurer une bonne protection, avec un fond qui se relève en position « antirejet » (inclinable jusqu'à 30°) et ventilée (grille d'aération) pour éviter les coups de chaleur. Côté sécurité, les cordons, les ficelles et autres bandes étroites de tissu utilisées comme liens (sauf les sangles de sécurité), doivent avoir une longueur maximale de 22 cm.
Si elle est prévue pour être utilisée comme nacelle auto, elle est équipée d'un harnais cinq points avec grande sangle abdominale molletonnée.

Le hamac de la poussette

L'assise servira le plus longtemps, jusqu'aux trois ans de votre enfant. Le hamac sera d'abord face à vous pour garder le contact avec votre tout-petit. Lorsque bébé deviendra curieux du monde extérieur, vous le tournerez face à la route.
Du point de vue de l'hygiène, le hamac doit être entièrement déhoussable et lavable. Côté sécurité, un harnais s'impose, avec si possible des sangles bien rembourrées aux épaules et à l'entrejambe.

Le siège coque

Les *travel system* proposent en plus un siège coque pour l'auto qui se clipse facilement sur le châssis de la poussette (ou du landau, une fois la nacelle ôtée) pour pouvoir faire de petites courses sans avoir à réveiller bébé qui s'est endormi en voiture. Attention toutefois de ne pas laisser un tout-petit de quelques semaines trop longtemps dans le siège coque.

Voyager avec son bébé

Le siège auto est-il obligatoire ?

Siège ou nacelle, depuis 1992, la loi impose d'utiliser un dispositif de retenue spécifique pour maintenir les enfants en voiture. Pour cela, à chaque âge correspond un siège de sécurité auto approprié. Pensez à vous équiper avant de partir pour la maternité : dès cette première sortie, le siège auto sera indispensable pour assurer la sécurité de votre nouveau-né. Même pour un court trajet ! Ne transportez jamais votre enfant dans vos bras, ni dans un couffin ou un lit improvisé, mais seulement dans un siège auto ou une nacelle auto adaptés à son âge.

Les sièges auto doivent-ils respecter des normes ?

Oui. Pour être commercialisés, les dispositifs de retenue doivent avoir reçu l'homologation européenne signalée par la mention ECE R44 (règlement 44 de la convention de Genève) suivie d'une série de chiffres qui commence par celui de la réglementation en cours : 04. Ainsi, les sièges et les nacelles dont le numéro commence par 03 ne sont plus aux normes actuelles et ne peuvent plus être vendus (même d'occasion !).

Les sièges sont-ils « standard » ?

Oui, normalement. Mais, attention, pour être certain que le siège conviendra dans votre véhicule, il faut l'essayer. Insistez donc auprès du vendeur pour qu'il vous autorise à faire un test en situation. Vous pourrez ainsi vous assurer que les ceintures de sécurité de votre voiture sont assez longues pour fixer correctement le siège, et que celui-ci est adapté à la forme de la banquette et donc très stable. N'achetez pas d'occasion : le siège qu'on vous propose n'est peut-être plus aux normes, celles-ci évoluant très vite. De plus, s'il a été accidenté précédemment, il ne doit plus être réutilisé car il risque de ne plus être fiable.

J'entends parler de sièges Isofix, de quoi s'agit-il ?

La nouvelle réglementation de sécurité auto impose que tous les nouveaux modèles de voitures fabriqués ou importés en France soient équipés du système de fixation Isofix. Il s'agit de points d'ancrage prévus dans l'auto et sur lesquels se fixe directement le siège auto. On n'utilise donc pas la ceinture de sécurité, qu'il est souvent compliqué de placer correctement. La garantie : le siège auto est vite et bien installé, et fait parfaitement corps avec la banquette en cas de choc. Actuellement, vous avez donc le choix entre des sièges auto traditionnels, fixés avec la ceinture du véhicule et ces nouveaux sièges Isofix. De plus en plus de marques en proposent pour les nourrissons (groupes 0+ et 1). Il existe même des modèles mixtes, à la fois classiques et Isofix. C'est très pratique lorsqu'on possède deux voitures et que l'on passe le siège de l'une à l'autre.

Quel est le meilleur moment pour prendre la route avec son bébé ?

Fixez le plus possible vos heures de route en fonction des conditions climatiques : l'été par exemple, partez « à la fraîche », soit tôt le matin avant l'aube soit tard le soir. Si vous n'avez pas de climatisation dans votre véhicule, évitez de rouler aux heures les plus chaudes de la journée (entre 12 et 16 heures), l'idéal avec un bébé étant de voyager de nuit. Mais, si ce n'est pas possible, essayez alors de faire coïncider au maximum votre départ avec ses heures de sommeil et de repas. Par exemple, si le trajet est long, partez alors qu'il va s'endormir, afin de vous arrêter pour lui donner la tétée à son réveil.

Comment faire pour ne rien oublier ?

Préparez une valise à part, rien que pour votre enfant. Ainsi, en cas de retard sur la route (encombrement, problème mécanique...), vous aurez sous la main son pyjama, des couches en quantité suffisante, son nécessaire de toilette et des lingettes pour un ou deux jours. Dans l'auto, gardez une petite laine pour le soir, de l'eau en grande quantité, un brumisateur pour humidifier l'atmosphère et rafraîchir sa peau.

Et, pour le nourrir, comment m'y prendre ?

Si vous ne l'allaitez pas, prévoyez poudre et eau nécessaires à un ou deux biberons selon le trajet. Ne préparez pas les biberons à l'avance : sous l'effet de la chaleur, le lait deviendrait un foyer de microbes, sources de diarrhées et de problèmes digestifs. Et souvenez-vous en permanence que tout biberon entamé doit être consommé dans la demi-heure. Ne le proposez pas ultérieurement à votre bébé.

Comment le protéger du soleil et de la chaleur ?

Le soleil ne doit absolument pas atteindre la tête de bébé. L'objet indispensable pour le protéger : le pare-soleil, dont vous équiperez les vitres arrière (les deux, car le soleil tourne !) ainsi que la lunette arrière. Deuxième danger, la chaleur ! Prévoyez un stock d'eau de source pour proposer très souvent à boire à votre bébé (en moyenne toutes les demi-heures). Même si vous l'allaitez, en cas de très grosses chaleurs, il peut être en effet nécessaire de compléter la tétée par un peu d'eau pour éviter qu'il ne se déshydrate. Et pensez à ventiler l'habitacle. Côté habillement, veillez à ne pas trop couvrir votre tout-petit, il fait généralement très chaud en voiture.

Que faire pour occuper son nouveau-né durant un long trajet ?

Vous ne devriez pas avoir trop de problèmes tant que votre bébé est âgé de quelques semaines : il va dormir paisiblement une bonne partie du trajet, bercé par le ronronnement du moteur. Profitez de ses réveils pour vous arrêter, le sortir de son siège-auto pour « déplier » et faire fonctionner un peu ses muscles, l'allaiter, lui donner un biberon d'eau s'il fait chaud. Et gardez à proximité un hochet, un anneau de dentition, une cassette de musique pour le distraire le reste du temps.

Que faire si bébé pleure en route ?

En premier lieu, si vous êtes seule au volant, arrêtez-vous de rouler et ne vous retournez jamais tout en conduisant. Vérifiez la propreté de sa couche. Assurez-vous qu'il n'a ni soif, ni faim, ni chaud, ni le soleil dans les yeux. Éteignez la radio ou la musique un moment : l'attention que l'écoute exige de bébé peut être source de fatigue. Parlez doucement : bercé par le ronronnement du moteur, votre tout-petit s'endormira facilement. Prévoyez un arrêt dès qu'une aire de repos s'annonce pour sortir bébé de la voiture et le promener un moment.

Quel confort pour bébé en voiture ?

Pour les longs trajets, jusqu'à six mois, il est conseillé d'utiliser une nacelle prévue à cet effet, c'est-à-dire équipée d'un système de sécurité permettant de l'installer dans le sens de la longueur sur la banquette arrière (au moyen d'un kit auto vendu en option avec le landau) et arrimée avec les ceintures du véhicule. Ainsi, bébé voyage allongé comme dans son lit, sur le dos, retenu avec une brassière abdominale rembourrée. Attention, n'utilisez pas les anciens modèles de lits auto qui retenaient l'enfant par un simple filet antiéjection. La coque doit être rigide pour assurer une bonne protection en cas de choc, et bien rembourrée intérieurement pour le confort de bébé. La présence d'un coussin réducteur est un « plus » pour bien caler le nouveau-né. Elle convient jusqu'aux 10 kilos de l'enfant et appartient au groupe 0.

QUELLES PRÉCAUTIONS EN VOITURE AVEC BÉBÉ ?

- Prenez un soin extrême à l'installation du siège dans le véhicule et attachez systématiquement votre enfant même pour un court trajet, sa sécurité en dépend.
- Ne laissez pas votre enfant seul dans la voiture même le temps d'une petite course !
- Ne fumez, bien sûr, jamais dans la voiture.
- Ne posez pas d'objets lourds sur la plage arrière.
- Si vous êtes deux adultes, que l'un de vous s'installe à côté de l'enfant pour éviter d'avoir à tourner la tête, et s'en occuper au mieux.
- Attention aux vitres ouvertes : elles doivent laisser passer l'air mais pas les insectes !

Qu'en est-il des sièges coques ?

Autre système, le siège coque dans lequel bébé est installé lové comme dans vos bras est parfait pour les courts trajets (l'y laisser trop longtemps serait mauvais pour son dos). Il se place dos à la route, ce qui protège bébé du terrible « coup du lapin » en cas de choc frontal (malheureusement le plus fréquent et le plus violent). Il se place au choix sur la banquette arrière ou sur le siège avant, à la condition expresse qu'il n'y ait pas d'airbag passager, des accidents ayant été provoqués par le déclenchement intempestif de celui-ci. Il convient aux bébés jusqu'à 13 kilos et fait partie du groupe 0+. Son assise doit être ergonomique afin de ne pas « plier » votre enfant en deux, ce qui n'est pas très bon pour sa respiration. Un rembourrage très épais s'impose ainsi qu'un harnais avec entrejambe et éventuellement un réducteur cale-tête pour que le nouveau-né ne « flotte » pas.

Pour la sécurité de mon enfant, que préférer entre siège et nacelle ?

Si la nacelle est préférable du point de vue du confort pour un long trajet, en cas d'accident, elle protège moins que le siège coque placé dos à la route et dont le harnais maintient le corps du nourrisson collé à la paroi au moment de la décélération. De plus, en cas de choc frontal, la brassière ventrale de la nacelle ne retient pas la tête de bébé. Mais, en fait, le problème majeur est celui de l'installation du siège dans le véhicule et de sa bonne fixation : des études récentes montrent en effet que trop souvent les sièges sont mal fixés (ceintures du véhicule trop courtes, mauvais passage des sangles...). Lors de l'achat, privilégiez donc le système le plus pratique à fixer sans risque d'erreur : plus vous le placerez correctement, plus votre enfant sera en sécurité. C'est pour cette raison d'ailleurs que s'est développé ces dernières années le principe dit Isofix : des attaches fixes prévues à l'origine par le constructeur du véhicule permettent d'attacher le siège d'un geste sûr. À suivre donc si vous achetez une nouvelle voiture.

Est-il possible de prendre l'avion avec mon nouveau-né ?

S'il est né prématuré, mieux vaut demander conseil à votre médecin. En revanche, né à terme et en bonne santé, un tout-petit peut voyager en avion, dès sa naissance. Ce mode de transport est parfois même préférable à un long trajet en auto. Toutefois, si vous n'avez pas l'obligation d'entreprendre ce voyage, mieux vaut attendre que bébé ait reçu ses premiers vaccins. Dans tous les cas, des précautions s'imposent les premiers mois : signalez la présence du bébé lors de l'achat des billets ; pensez à prendre en cabine un lainage et un bonnet, la climatisation étant souvent très fraîche ; prévoyez de le faire boire, au sein ou au biberon pendant le décollage et l'atterrissage pour qu'il ne souffre pas des oreilles ; selon votre destination, renseignez-vous sur les vaccins obligatoires, compatibles ou pas avec son âge.

Les petits soucis de santé

DIARRHÉE

Il a la diarrhée, dois-je m'inquiéter ?

Oui. Mais attention à ce qu'on appelle diarrhée. Ce qui compte, c'est à la fois le nombre de selles dans la journée, plus élevé qu'à l'habitude, et leur consistance très aqueuse. Votre bébé peut avoir naturellement des selles molles durant une journée sans pour autant souffrir de diarrhée, si les selles suivantes sont normales. En revanche, en cas de vraie diarrhée, vous devez toujours vous inquiéter car qui dit diarrhée dit risque de déshydratation très rapide, surtout s'il vomit, s'il a de la fièvre et s'il fait chaud. Et ce risque est d'autant plus élevé que bébé est jeune.

Que faire en cas de diarrhée ?

Notez le nombre de selles par jour et leur consistance. Prenez la température de votre bébé et s'il a de la fièvre, des vomissements ou si sa fontanelle se creuse, n'hésitez pas, consultez immédiatement votre médecin. Si votre bébé est nourri au sein, il faut s'inquiéter lorsque les selles liquides sont plus fréquentes que d'habitude en volume et en nombre. Faites-lui boire le plus possible de l'eau additionnée d'une solution de réhydratation (vendue en sachet en pharmacie) et consultez. S'il est nourri au biberon, arrêtez le lait, proposez-lui la solution de réhydratation et consultez votre médecin. Évitez les laitages, les légumes verts et les fruits, en accord avec votre médecin bien sûr.

CONSTIPATION

Sa couche est propre aujourd'hui. Est-il constipé ?

Pas forcément. Ce n'est pas parce que votre petit n'a pas sali sa couche aujourd'hui qu'il est constipé. La constipation se définit par des selles moins fréquentes et plus dures. Sachez que s'il est nourri au sein, le bébé passe normalement d'une selle par repas à une selle tous les deux à quatre jours vers la fin du premier mois. Si ses selles restent liquides et molles, il ne s'agit pas d'une constipation. En revanche, il faut s'inquiéter s'il a « un bouchon dur » : c'est une constipation qui nécessite l'avis du médecin. De même, s'il se tortille et souffre entre le troisième et le cinquième jour sans selle.
Si bébé est nourri au biberon, une selle tous les deux ou trois jours, pâteuse et abondante, est normale. Si rien ne vient au troisième jour, et que votre bébé se tortille, mettez-lui un suppositoire de glycérine spécial nourrisson et consultez. La cause d'une constipation provient parfois d'une « erreur » diététique. Si vous allaitez votre bébé, corrigez votre propre alimentation et buvez davantage d'eau. Si vous le nourrissez au biberon, peut-être avez-vous mis un peu trop de farine ou surdosé sa poudre de lait.

Est-ce grave si mon bébé est constipé ?

En général, la constipation est bénigne et passagère. Elle ne doit pas vous inquiéter outre mesure si la croissance et le tonus de votre bébé sont bons par ailleurs. Mais attention, cette constipation peut parfois s'accompagner de douleurs abdominales, de ballonnements ou de saignement lors de l'émission des selles. Parlez-en alors au médecin.

JAUNISSE DU NOUVEAU-NÉ

On me dit qu'il a la jaunisse, est-ce grave ?

Ne soyez pas trop inquiète si votre bébé a la peau très jaune. Médecins, infirmières et puéricultrices connaissent bien le problème et savent y remédier. En effet, la jaunisse du nouveau-né est un phénomène très fréquent. Plus savamment appelée « ictère physiologique du nourrisson », elle survient dans les premiers jours après la naissance et se caractérise par un aspect jaunâtre de la peau, surtout au niveau du nez, et du blanc des yeux. Elle est due à un excès de bilirubine dans le sang ; c'est ce composant des globules rouges qui donne leur teinte jaune à la peau et aux muqueuses. Un excès de bilirubine peut être nocif pour votre bébé. Aussi, si l'ictère paraît important, une prise de sang sera faite pour la doser. Si le taux de bilirubine est trop élevé par rapport à son âge et son poids, on placera votre nourrisson sous une lampe bleue quelques heures. Cette photothérapie détruira la bilirubine à travers la peau, sans danger ni douleur pour bébé.

J'ai entendu parler de la terrible « mort subite » du nouveau-né...

Cette cause de décès est heureusement devenue rare depuis plusieurs années, des études scientifiques ayant montré que quelques précautions et conseils de couchage peuvent en diminuer fortement les risques. Pour l'éviter au maximum, on ne peut que vous conseiller de suivre scrupuleusement ces mesures :

- couchez bébé sur le dos afin qu'il puisse respirer. En effet, avoir le nez dans les draps ou le matelas lui fait respirer l'air « vicié » qu'il recrache en circuit fermé et ne l'oxygène pas assez ;
- sans couverture ni couette ni drap, sources d'hyperthermie et d'étouffement (le tout-petit n'a pas assez de force pour se dégager) ;
- chauffez sa chambre à 18 °C, pas plus ;
- ne fumez jamais dans la pièce où votre bébé dort ;
- ne placez pas son lit près d'une source de chaleur.

Mon bébé ne s'agite pas beaucoup, comment risquerait-il un accident ?

Certes, à la naissance, votre bébé ne bouge pas beaucoup. Mais savez-vous quand il sera apte à se retourner ? Aussi, sans vous angoisser à outrance, ayez simplement toujours à l'esprit que... ce qu'il ne savait pas faire la veille, il le saura le lendemain ! Aujourd'hui, il regarde bouche-bée son mobile tourner au-dessus de la table à langer. Demain matin, il essayera peut-être un roulé-boulé sur le côté gauche... Prudence donc sur la table à langer : vous ne devez jamais le lâcher un seul instant. Ayez toujours une main sur lui et non au-dessus de lui. Même conseil dans quelques semaines lorsqu'il sera dans sa chaise haute. Il y restera des jours entiers bien calme... Jusqu'au moment où il aura décidé de se dresser debout sur le marchepied, au risque de basculer ou de se repousser avec les pieds. Enfin, autre accident fréquent avec l'enfant du premier âge, les chutes de transat. Dans la plupart des cas, il s'agit d'un transat installé en hauteur, sur un lit ou sur une table, et que l'enfant en se penchant parvient à faire tomber, lui dedans. Surveillez-le bien.

FIÈVRE

Suffit-il de toucher son front pour savoir s'il a de la fièvre ?

Non, c'est trompeur. Vos mains sont peut-être froides, ou chaudes, et le front de votre enfant peut être parfaitement froid alors qu'il a 40 °C de fièvre. Le meilleur endroit pour vous faire une idée de sa température se situe dans le cou, presque au creux de l'épaule, où il vous suffira de glisser la main entre sa peau et son vêtement ou, mieux encore, de poser vos lèvres. De même, il peut avoir une fièvre très élevée alors que ses mains sont froides, car la chaleur due à la fièvre contracte les vaisseaux sanguins et empêche le sang de venir réchauffer les extrémités du corps.

Pourquoi a-t-il de la fièvre ?

La fièvre vous signale simplement que le corps de bébé est en train de lutter contre les virus et bactéries qui l'agressent. C'est un système de défense très efficace contre la maladie. Pourquoi dans ce cas conseille-t-on de la faire baisser ? Il faut savoir qu'elle provoque une accélération cardiaque et respiratoire, source d'un grand abattement qui peut entraîner à son tour une baisse des mécanismes de défense. Elle peut en outre être responsable de convulsions.

Comment faire tomber la fièvre ?

En attendant le médecin ou la réaction des médicaments antipyrétiques, donnez souvent à boire à votre bébé pour éviter qu'il ne se déshydrate, vérifiez en outre que sa chambre n'est pas chauffée au-delà de 18 ou 19 °C. Ne le couvrez pas même s'il tremble (ces mouvements proviennent de la montée de la fièvre et non du froid !) mais au contraire découvrez votre enfant, laissez-lui juste un body fin. L'hyperthermie peut en effet être dangereuse pour sa santé.

Pour faire baisser la fièvre, puis-je lui donner un bain ?

Pendant des décennies, on a conseillé, et l'on conseille encore parfois aux parents de donner un bain au bébé, une méthode qui, à défaut de faire réellement tomber la fièvre, a le mérite de l'empêcher de grimper ! Il s'agit de donner un bain de 2 °C en dessous de la température de l'enfant fiévreux et d'une durée approximative de 10 minutes. Ainsi, si votre enfant a 38,7 °C de température, l'eau du bain doit être à 36,7 °C. Mais attention, cette technique est contestée aujourd'hui par nombre de pédiatres. Leurs arguments sont les suivants :

un bain à 38 °C, c'est en effet vraiment très chaud ! Et si au contraire l'eau est trop froide, cela crée une vasoconstriction superficielle (un resserrement des vaisseaux)... qui augmente la température interne ! Cela s'explique par le fait que l'organisme cherche toujours à protéger ses centres vitaux. En l'occurrence, pour les défendre du froid, il monte sa température ! De plus, le bain ne supprime pas la cause réelle de la fièvre. Enfin, côté bien-être, un nourrisson malade peut ne pas du tout apprécier d'être tout nu dans de l'eau. Si vous essayez cette technique du bain, observez votre enfant : s'il pleure, sortez-le immédiatement de l'eau. Mais s'il semble apprécier, poursuivez un moment.

Je ne comprends pas : mon bébé a l'air en pleine forme alors qu'il a 40 °C de fièvre...

Il est de graves maladies sans fièvre, autant que des maladies bénignes avec beaucoup de fièvre... Par ailleurs, tous les enfants ne réagissent pas de la même manière à une infection : certains sont grognons avec seulement 38,2 °C, tandis que d'autres s'amusent et gardent leur appétit à 39,5 °C.

Qu'est-ce que les convulsions ?

Rares mais impressionnantes, elles peuvent être déclenchées par une fièvre élevée ou par une variation brusque et importante de température (à la montée de la fièvre, comme lors de sa diminution). Lorsqu'elles se manifestent, bébé devient très pâle, il a les yeux révulsés et le corps « tout mou », sans forcément être pris de mouvements convulsifs comme pourrait le suggérer leur nom. Dans la plupart des cas bénins, l'enfant retrouve son état normal assez vite, mais dans les formes les plus graves, il peut perdre connaissance. Inutile de préciser qu'appeler les secours d'urgence s'impose.

THERMOMÈTRE

Quel thermomètre utiliser pour vérifier sa température ?

Il existe des thermomètres tout simples à graduation, et d'autres sophistiqués, électroniques. Le prix, très variable d'un modèle à l'autre, peut vous déterminer. Sachez que les thermomètres à mercure, dangereux pour l'environnement et la santé en cas de casse et de dispersion du produit, sont interdits à la vente depuis mars 1999. Si vous en possédez un, rapportez-le à la pharmacie. Les nouveaux modèles gradués comportent désormais un alliage de gallium et d'étain. Restent deux inconvénients : en verre, ils sont fragiles et surtout lents (comptez environ 3 minutes). Mais ils ne sont pas coûteux !

Que penser des thermomètres électroniques ?

Les thermomètres à affichage électronique indiquent le degré exact de température, bien lisible sur l'écran. Ils présentent l'avantage d'être très résistants et rapides, une qualité indéniable en présence d'un nourrisson peu patient ! Certains modèles très élaborés sont même dotés d'une mémoire qui conserve les dernières mesures en archive. Cela peut se révéler précieux lorsque le médecin vous demandera l'évolution de la température de votre petit malade.

Dois-je préférer la méthode rectale, auriculaire ou frontale ?

Chaque méthode a ses avantages et ses inconvénients : la méthode rectale est la plus fiable puisqu'elle indique la température interne. Le thermomètre choisi doit être conçu spécialement pour les bébés, c'est-à-dire adapté à sa morphologie, avec notamment un embout plus court et généralement en matière souple. Si vous êtes réticents face à cette technique ou si vous devez prendre souvent la température de bébé, vous pouvez utiliser la mesure frontale ou temporale. Parfaites pour éviter de réveiller le nouveau-né lorsqu'il dort puisqu'on pose juste l'embout sur le front du bébé, mais à condition que le modèle soit fiable. Quant à la méthode auriculaire, elle est pratique et rapide mais se révèle peu fiable en cas d'otite puisque cette maladie fait augmenter la température intra-auriculaire, tout comme les pleurs. Elle nécessite de trouver la bonne orientation dans le creux de l'oreille pour obtenir un contact maximal, ce qui n'est pas toujours évident face à un bébé agité. Enfin, il existe de plus en plus de thermomètres qui fonctionnent à infrarouges. Inutile alors de les appliquer sur le visage du bébé, ils prennent sa température à distance. C'est l'idéal pour ne pas incommoder le bébé mais leur prix est élevé.

À noter : avec toutes ces méthodes, pensez à ajouter cinq dixièmes au résultat afin d'obtenir l'équivalent de la température rectale. Et, quelle que soit la technique, assurez-vous toujours que votre thermomètre fonctionne correctement avec des piles en bon état, que l'embout en contact avec la peau de bébé est impeccablement propre et désinfecté avant de vous en servir.

La méthode rectale n'est-elle pas douloureuse ?

Cette méthode, jugée souvent très intrusive, est actuellement encore la plus répandue en France, alors qu'on en ignore l'usage dans les pays anglo-saxons, par exemple. Mais effectivement, si vous devez prendre la température de bébé plusieurs fois par jour, cela risque de provoquer une irritation, voire des petites blessures.

À quel moment prendre sa température ?

Dès que vous avez un doute sur l'état de santé de votre nourrisson. Sinon, le meilleur moment se situe le matin au réveil : la température est alors la plus basse de la journée, bébé n'étant ni agité, ni fatigué, mais au contraire « frais et dispos » et à jeun (la digestion provoque une élévation de la température interne). Ensuite, pour suivre l'évolution de la courbe de fièvre, reprenez-la au moins deux fois par jour tant qu'il est fiévreux.

Comment savoir que mon bébé est malade ?

Certains signes ne trompent pas : il est plus grincheux et agité que d'habitude, il dort mal, s'alimente avec difficulté, respire mal, son nez est encombré, ou encore il vous paraît chaud. Même si les premières semaines vous connaissez encore peu votre bébé, à son contact, vous apprendrez très vite à détecter des changements dans son comportement qui peuvent trahir une maladie. Parmi ces changements, il en est un qui doit vous alerter particulièrement : si votre tout-petit devient apathique, cela peut signifier qu'il est gravement malade.

AUTRES BOBOS

Il a le hoquet, est-ce grave ?

Non, ce n'est pas grave, et même assez fréquent. La crise passe en quelques minutes. Ce phénomène se produit lorsque le diaphragme, le muscle qui sépare le thorax et l'abdomen, est pris de petites contractions. Cela arrive surtout lorsque l'estomac est plein et si bébé boit très vite. Comme le hoquet occasionne un vrai inconfort, essayez de le stopper en faisant téter votre tout-petit. Le fait de déglutir est généralement efficace.

Il éternue, est-il enrhumé ?

Pas forcément ! Bébé peut éternuer pour cette raison, mais cela arrive aussi lorsqu'il est gêné par des mucosités qui obstruent en partie ses voies nasales. Les petits cils qui en tapissent les parois s'agitent alors pour repousser ces sécrétions vers l'extérieur. Son éternuement est dans ce cas une réaction réflexe, automatique, la seule méthode à sa disposition d'ailleurs tant qu'il ne sait pas se moucher (vers deux ans !).

Il a des boutons de chaleur

De minuscules boutons peuvent apparaître furtivement sur le visage du bébé lorsqu'il a eu trop chaud. Ne vous inquiétez pas. Fréquents chez les nouveau-nés, ils disparaissent naturellement en quelques heures sans nécessiter de traitement particulier. Le seul risque : qu'ils s'infectent. Ils deviennent alors jaunes, voire rouges. Nettoyez sa peau à l'eau douce avec un coton et séchez bien. Dans le doute, consultez.

QUAND APPELER LE MÉDECIN ?

Face à son premier bébé, tout parent a tendance à paniquer un peu vite et à se précipiter sur le téléphone pour appeler le médecin. Aussi, en essayant d'être raisonnable et de bien observer votre bébé avant de vous affoler, dites-vous toujours que, dans le doute, il vaut mieux réagir pour une broutille que de tarder à le faire et risquer de graves complications. Voici les signes qui doivent vous alerter :

- il a de la fièvre (à partir de 38 °C) ou au contraire une température très basse, sachant que la température moyenne oscille entre 36,8 et 37,2 °C selon les enfants ;
- il a la diarrhée (plusieurs selles liquides de suite) ou de vilaines selles, molles, malodorantes, liquides et fréquentes ;
- il régurgite de façon importante et fréquente.
- il vomit, avant ou après la tétée, beaucoup plus que de simples rejets de lait, naturels ceux-là ;
- il a des renvois de lait plusieurs heures après la tétée, accompagnés de pleurs, de transpiration, d'agitation anormale ;
- il a l'air abattu, moins vif que d'habitude ;
- il devient « bleu » au niveau des lèvres, des doigts, des pieds, signe qu'il est cyanosé ;
- sans compter les éruptions de boutons, les convulsions, les chutes suivies d'une apathie, les intoxications… et toutes les fois où votre bon sens ou votre « instinct » de parent sonne l'alarme.

Le bon matériel de puériculture

Comment savoir si un article de puériculture est sérieux ?

Il existe des normes, françaises et/ou européennes, qui assurent une sécurité minimum concernant la plupart des articles de puériculture. Observez bien si l'emballage ou le produit lui-même comportent la mention de la norme indiquée par NF (norme française) ou EN (norme européenne) suivi de chiffres. À défaut, tout produit de puériculture doit toujours porter la mention « conforme aux exigences de sécurité ». Cela signifie que le fabricant déclare avoir souscrit à toutes les normes et que ses produits respectent les exigences minimum imposées dans le décret n° 91-1292 du 20 décembre 1991.

Quelles sont les principales exigences de ce décret ?

Ce décret s'applique à tout article destiné à « assurer ou à faciliter l'assise, la toilette, le couchage, le transport, le déplacement et la protection physique des enfants de moins de quatre ans ». Il prévoit que l'article ne doit présenter aucune possibilité de pincement des doigts de bébé (ou des vôtres qui le manipulent aussi), ni de coincement au niveau des charnières et mécanismes de pliage. Il ne doit pas utiliser de produits toxiques, il doit être stable, etc., bref ne pas mettre la sécurité de l'enfant en danger.

Une fois équipés, que faire pour sa sécurité ?

Vérifiez très régulièrement l'état des équipements et des mobiliers que vous utilisez pour votre bébé. Les charnières sont-elles solides ? À leurs points d'attaches, les tissus sont-ils usés ou impeccables (notamment pour les porte-bébés, les lits pliants en toile...) ? Les vis et les boulons sont-ils fixés à fond ? Également très important, ne « rafistolez » jamais un matériel endommagé. N'hésitez pas à le jeter.

En vacances, quelles précautions pour faire dormir bébé en toute sécurité ?

Attention, dans les maisons de location ou les maisons de famille au mobilier ancien, les lits d'enfants peuvent se révéler dangereux. C'est notamment le cas des lits en fer forgé : bébé risque de se pincer les doigts ; leurs montants étant peu élevés, il peut aussi basculer en voulant s'y agripper pour se redresser. Quant aux lits à barreaux anciens, l'écartement de ces barreaux est assez large pour que l'enfant puisse s'y coincer la tête. Les normes ont évolué depuis une dizaine d'années afin de mieux protéger les tout-petits. Entre autres, les barreaux doivent désormais avoir un espacement de 6 cm maximum, et les montants être hauts d'au moins 60 cm. Attention également que le matelas convienne parfaitement au modèle afin d'éviter que votre tout-petit réussisse à se faufiler entre le sommier et le matelas risquant alors de s'étouffer.

Que penser du matériel acheté d'occasion ?

Il est vrai que s'équiper à la naissance d'un premier bébé est souvent coûteux. Trouver une bonne affaire, c'est tentant, et même très facile depuis que les offres se multiplient, sur Internet, dans des boutiques spécialisées, dans les brocantes ou dans les vide-greniers. Mais attention, cela peut être dangereux.

Que doit-on éviter ?

Évitez surtout le matériel où la sécurité de bébé peut être en jeu comme les sièges auto. Vous ne savez pas si le modèle qu'on vous propose a subi un choc, si le harnais de sécurité et la boucle de fermeture ont été mis à rude preuve. La mode du style rétro fait fleurir les articles de nos grands-mères dans les brocantes telles que les chaises hautes en bois sans entrejambes ni harnais, à piétements trop serrés pour être stables, à charnières apparentes. De même que les lits de bébé anciens en fer forgé. Le tout-petit peut y passer la tête et s'y coincer les membres.

Adresses utiles

ACCIDENTS SURVENUS AVEC UN MATÉRIEL DE PUÉRICULTURE

Commission de sécurité des consommateurs (CSC)
Immeuble Atrium
5, place des Vins-de-France
75353 Paris cedex 12
Tél. : 01 53 44 22 80
Mail : csc@cscnet.org
www.securiteconso.org

Direction générale de la concurrence, de la consommation et de la répression des fraudes (DGCCRF)
59, boulevard Vincent-Auriol
75703 Paris cedex 13
Tél. : 3939
Coordonnées des directions départementales sur Internet
www.dgccrf.bercy.gouv.fr

Institut national de la consommation (INC)
80, rue Lecourbe
75732 Paris cedex 15
Tél. : 01 45 66 20 20
www.conso.net

NORMES DES ARTICLES DE PUÉRICULTURE

Association française de normalisation (AFNOR)
11, rue Francis-de-Pressensé
93571 La Plaine-Saint-Denis cedex
Tél. : 01 41 62 80 00
www.afnor.org

Fédération française des industries jouets - puériculture (FFIJP)
4, rue Castellane
75008 Paris
Tél. : 01 53 43 09 10
www.fjp.fr

EMPLOI ET CONGÉS DE MATERNITÉ ET PATERNITÉ

Renseignements :
Droits de la famille
www.vosdroits.service-public.fr
Caisse d'allocations familiales
www.caf.fr
Caisse d'assurance-maladie
Internet : www.ameli.fr

ALLAITEMENT

La Leche League
Association d'aide et de soutien à l'allaitement
BP 18
78620 L'Étang-la-Ville
Tél. : 01 39 58 45 84
www.lllfrance.org

Solidarilait
26, boulevard Brune
75014 Paris
Tél. : 01 40 44 70 70
www.solidarilait.org

Coordination française pour l'allaitement maternel (CoFram)
www.coordination-allaitement.org

DONNER OU RECEVOIR DU LAIT

Les lactariums

Amiens 03 22 66 82 88
Bordeaux .... 05 56 79 59 25 ou 05 56 79 59 14
Brest .... lactabrest@chu-brest.fr
Cherbourg 02 33 20 70 00
Dijon 03 80 29 38 34
Lille 03 20 44 50 50
Lyon 04 72 00 41 43/42
Marmande 05 53 64 26 22
Montpellier 04 67 33 66 99
Mulhouse 03 89 64 68 91
Nantes 02 40 08 34 82
Orléans 02 38 74 41 81
Paris 01 40 44 39 14/16
Poitiers 05 49 44 47 34
Rennes 02 99 26 58 48/49
Saint-Brieuc 02 96 01 71 27
Saint-Étienne 04 77 93 64 66
Strasbourg 03 88 12 71 99
Tours 02 47 47 37 34

AVOIR DES JUMEAUX ET PLUS

Fédération Jumeaux et plus

28, place Saint-Georges
75009 Paris
Tél. : 01 44 53 06 03
www.jumeaux-et-plus.fr

Association Allaitement des Jumeaux et plus (ADJ +)

www.allaitement-jumeaux.com

AIDE ET MODES DE GARDE À DOMICILE

www.mon-enfant.fr
www.fepem.fr
www.pajemploi.fr
www.paris-servicesfamilles.com

Index

A

B

C

D

E

F

Remerciements

À Catherine Lelièvre,
directrice de la rédaction du magazine *Parents*.

À Noëlle Durupt, infirmière-puéricultrice,
directrice de la crèche « Les Globe-Trotteurs » de Roissy (Val-d'Oise)

Au personnel et aux enfants de la crèche « Les Globe-Trotteurs » :
Les enfants : Gaspard, Ella, Manon, Lucie, Élodie, Olivia, Sarah, Aliyah, Maya, Erwan
Les auxiliaires-puéricultrices :
Sandrine, Lucinda, Laura, Magalie, Sandrine, Corinne, Stéphanie

À Gaspard et à sa maman Virginie pour la leçon « Allaiter son bébé ».

À l'équipe de la nursery de l'Hôpital américain de Paris à Neuilly (Hauts-de-Seine)
où s'est déroulée la leçon des « Soins de l'ombilic » avec Joshua et sa maman Petra.

Au Spa Omnisens de Paris Bercy (12e) et à Martine Viniger, formatrice en massages bébé
pour la leçon « Masser son bébé », avec Éva et sa maman.

Bruno Lesouëf, directeur général de la publication ; Philippe Khyr, éditeur ;
Édouard Minc, directeur délégué adjoint.

Produits d'édition : Pascal Traineau ; Jérôme Pébereau ; Anne-Françoise Bédhet ;
Florence Raillard ; Mairead Audisio ; Sabine Beausseron ; Isabella Tomesco ; Chrystele Sanon ;
Dalila Zein ; Mohamed Slama ; Nelly Dhoutaut, Djilali Boubekeur (SCOOP).

Et tous les fidèles collaborateurs du magazine *Parents*.

Crédits photographiques :

CORBIS/K. DODGE : 144 ; O. FRANKEN : 136-137 ; T. HANRATTY : couverture ; A. INDEN : 116 ; P. SAINT DENIS : 143 ; L. WILLIAMS : 8-9

MARC PLANTEC : 10 à 13, 23 à 25, 37 à 39, 47 à 49, 54 à 56, 62 à 65, 72 à 75, 81 à 83, 89 à 91, 94 à 97, 102 à 105, 111 à 113, 118 à 121, 127 à 129

SCOOP/PARENTS/F. ASTIER : 43 ; F. BAJANDE : 139 ; O. BAUMGARTNER : 70, 77

P. GUÉRITOT : 15 ; M. GUIBERT : 20, 100-101 ; B. JEANNIN : 28 ; C. KIERBEL : 141 ; E. LAYANI : 16, 30 ; P. LECLERC : 134 ; L. MONNERET : 122, 132 ; V. PANCOL : 26, 148 ; M. PLANTEC : 19, 32, 34, 41, 42, 44-45, 51, 52, 59, 60, 67, 68, 78, 85, 98, 107, 108, 124, 130 ; D. SACKHEIM : 86 ; G. SOREL : 106